Franz Dorotheus Gerlach

P. Cornelius Scipio Africanus der Ältere und seine Zeit

Anhang, Rom und Capua, historische Parallele

Franz Dorotheus Gerlach

P. Cornelius Scipio Africanus der Ältere und seine Zeit
Anhang, Rom und Capua, historische Parallele

ISBN/EAN: 9783744629195

Hergestellt in Europa, USA, Kanada, Australien, Japan

Cover: Foto ©ninafisch / pixelio.de

Weitere Bücher finden Sie auf **www.hansebooks.com**

Zur

Geschichte

des

zweiten punischen Kriegs.

Von

Fr. Dor. Gerlach.

Basel
H. Georg's Verlagsbuchhandlung.
1868.

P. Cornelius Scipio Africanus

der Aeltere

und seine Zeit.

Anhang

Rom und Capua

historische Parallele.

Von

Fr. Dor. Gerlach.

Basel

H. Georg's Verlagsbuchhandlung.

1868.

Herrn

Dr. Ernst Wilhelm von Braun

Herzogl. Anhalt-Bernburg. wirklichen Geheimerath
und Staatsminister a. D., Inhaber mehrerer hohen Orden
und Mitglied vieler gelehrten Gesellschaften etc. etc.

zugeeignet.

Vorwort.

Dass der Ruhm und die Verherrlichung grosser Männer häufig im umgekehrten Verhältniss zu der urkundlichen Beglaubigung ihrer Thaten steht, ist eben so allgemein anerkannt, als die gewöhnliche Erklärung dieser Erscheinung sich als ungenügend und mangelhaft erweist Während die umfassende Wirksamkeit ausgezeichneter Persönlichkeiten selbstverständlich die strengste und sorgfältigste Forschung gebietet, werden wir nur zu häufig das Gegentheil erfahren, und statt besonnener Beurtheilung die gedankenlose Wiederholung allgemeiner Aussage und Ueberlieferung finden. Die vornehmste Ursache dieser ungeschichtlichen Betrachtungsweise ist ohne Zweifel die gläubige Verehrung ausserordentlicher Geisteskraft und die maasslose Huldigung der Menge, welche in ihrer Liebe und Bewunderung fast immer die Grenzen des Möglichen überschreitet. Ohne genaue Untersuchung und Begründung, aber einem geheimen Zuge des Herzens folgend, setzt das Volk von seinen Lieblingen das Unglaubliche voraus, fühlt sich jeder eingehenden Prüfung überhoben, findet das Grösste durch ausserordentliche Begabung begründet, sieht das Schwierigste für leicht erreichbar an und erblickt das Dunkelste im klarsten Lichte. Und als wenn es nicht genügte, sich alles Urtheils begeben zu haben, wird die Erzählung noch durch die Sage ausgeschmückt, und die schlichte Thatsache in das Reich des Wunderbaren erhoben. Ganz im entgegengesetzten Sinne wird sich die Stimme politischer Gegner vernehmen lassen, welche von vornherein mit Missgunst und Hass erfüllt, allen Handlungen ihrer Nebenbuhler die gehässigsten Beweggründe unterlegen und, wo sie die Thatsachen nicht in Abrede stellen können, dieselben fälschen und entstellen. Aber bei weitem verderblicher als Beide wirken beschränkte und geistlose Berichterstatter, welche, wenn sie nicht die Schmähsucht für Freimuth halten, unter der Maske der Mässigung und der Unpartheilichkeit die Vermittlung der Gegensätze übernehmen und ohne Ahnung von der Kraft des Hasses und der Macht der Liebe einen Widerspruch zu lösen suchen, dessen Verständniss ihnen nicht verliehen ward. So wird an das Erhabene, das Grosse und Gewaltige der Maassstab der Mittelmässigkeit gelegt, das Hohe in die niedrigsten Kreise herabgezogen und das Bewusstsein einer höhern Sendung als Wahn und Täuschung hingestellt. Daher so selten richtige Beurtheilung ausgezeichneter Männer gefunden wird, wie denn von dem grossen Scipio weder seine geistige Eigenthümlichkeit noch die Aufgabe seines Lebens, weder die Stellung zu seinem Zeitalter noch auch nur der äussere Verlauf seiner Schicksale vollständig erkannt und demgemäss geschildert worden ist. Denn wenn Gleiches nur vom Gleichem begriffen werden kann, so wird allein das Verständniss eines höhern Geisteslebens, die äusserste Spannung aller Seelenkräfte und das tiefste Eindringen in die gleichzeitige Gedankenwelt das Räthsel lösen können. Nicht nur das Wirken Scipio's nach allen Richtungen zu offenbaren, sondern auch dem Zeitalter, dem er angehört, sein unveräusserliches Recht zu sichern, liegt dem Biographen ob. Wie die Werke der bildenden Kunst nur am ursprünglichen Standorte in allen Beziehungen völlig verstanden und gewürdigt werden, so kann das innerste Wesen eines grossen Mannes nur in seiner unmittelbaren Umgebung zur klaren Anschauung gelangen. Mit tausend Fäden ist das Einzelleben an die Gesammtheit des Volkes angeknüpft, und nur wer seiner Zeit und seinem Volke ganz angehört, der lebt für alle Zeit. In dem Kampf der Verzweiflung eines bis in das Innerste erschütterten Staates, in dem furchtbaren Ringen feindseliger Elemente hat Scipio durch Geistestiefe und Seelenadel, durch Grossherzigkeit und Heldenmuth die Zeitgenossen überragt. Wissen, Glauben, Geist und That der Bürger Roms hat sich in ihm geeinigt und verklärt; darum ist er seines Volkes Ebenbild geworden, und dessen leuchtendes Gestirn. Die

Darstellung dieser Wechselwirkung wurde erstrebt, schwerlich erreicht. Indessen die Liebe zu dem gewählten Gegenstand und die vorurtheilsfreie Forschung haben reichlichen Ersatz gewährt und die unverwandte Betrachtung hoher Mannestugend hat die Arbeit zum wahrhaft geistigen Genuss erhöht. χαλεπὰ τὰ καλά.*)

---

*) Plat. Hipp. maj. 304 E. Cratyl. p. 384. A. de rep. IV. p. 435. C. VI. p. 497. D.

A solo exoriente supra Mœoti' paludes
Nemo est, qui factis me æquiparare queat.
Ennius ap. Cic. Tusc. V. 17, 49.

Fünfhundert fünf und dreissig Jahre waren seit der Gründung der Stadt Rom verflossen, als in Westeuropa sine neue Wendung in den Geschicken der Völker sich anzukündigen schien. Der asiatische Osten lag in Trümmern, Aegypten und die neugeschaffenen Staaten erschlafften im üppigen Genuss, die griechischen Republiken, bis zum Tode ermüdet, begnügten sich mit einem Schattenbilde staatlichen Fortbestehens, Makedonien zehrte von der Erbschaft seines frühern Ruhms; nur im fernen West und Nord war noch Lebensfrische und ungebrochene Kraft. Die römische Republik hatte in dem langen Zeitraum von einem halben Jahrtausend sich zu einer wunderbaren Höhe emporgeschwungen, so dass die Frage zur Entscheidung kommen musste, ob durch das Errungene die Forderungen der Selbsterhaltung und der allgemeinen Wohlfarth befriedigt wären, oder ob ein höheres Ziel in Aussicht genommen werden müsse. An der Spitze des latinischen Städtebundes hatten die Römer die kriegerischen Völker Italiens, die Etrusker, Umbrer, Samniter sich unterworfen, hatten dem furchtbaren Anprall des gallischen Ungestüms widerstanden und dieselben im eignen Lande befehdet, hatten die makedonische Tactik in Pyrrhus überwunden, hatten im 23jährigen Kampfe das mächtigste Volk des Westens, die Karthager, aus dem Feld geschlagen und auf ihrem eigenthümlichen Elemente, dem Meere, besiegt; römische Flotten hatten bereits die Küsten von Afrika und Griechenland bedroht, die reiche Insel Sicilien war als Preis des Sieges ihnen zugefallen, fremde Fürsten, die Könige von Pergamus und Aegypten, buhlten um die Freundschaft der stolzen Republik, und Europa, Asia und Afrika harrten der Entscheidung, als der karthagische Feldherr Hannibal mit seinen sieggewohnten Schaaren an den Pforten Italiens erschien.*)

---

*) *Quellen.* Wenige Begebenheiten mögen urkundlich so bezeugt und so allseitig erläutert worden sein, wie der zweite punische Krieg. Denn die Bedeutsamkeit dieses Kampfes war den handelnden Personen wie den beobachtenden gleich von Anfang klar geworden und hatte ihre Aufmerksamkeit geschärft. Es kam hiezu die grosse Zahl ausgezeichneter Persönlichkeiten, welche die Macht der Ereignisse auf den Schauplatz führte, welche sämmtlich nicht nur selber klar hervortraten, sondern auch über die Nebenstehenden Licht verbreiteten. Was nun besonders den Scipio betrifft, so hat sowohl die hohe Stellung, die er eingenommen, als seine Persönlichkeit ihn in das hellste Licht gestellt, und er hat an Laelius, Cato, Ennius Zeugen seiner Thaten gefunden, welche theils durch mündliche Aussage, theils durch schriftliche Aufzeichnung das Andenken an seine Thaten und seine Gesinnungen bewahrten. Ob diess von Seiten Cato's mit Unparteilichkeit geschehen, vermögen wir nicht zu beurtheilen, wiewohl ihn der frühzeitige Tod seines politischen Gegners vielleicht milder gestimmt hat; wenigstens hat Cicero in dem Cato major sogar unbegränzte Hochachtung von Seiten Cato's vorausgesetzt und in diesem Sinne den Scipio beurtheilen lassen. Dass Ennius vorzugsweise die grossen Eigenschaften des Scipio wird gepriesen haben, können wir schon aus Horaz Od. IV, 8, 16 sq. und aus Cicero Tusc. Disp. V, 17, 49; Or. 45, 152 entnehmen und versteht sich eigentlich von selbst. Von Laelius erwartet man im Voraus die billigste Beurtheilung, auf gleiche Weise wie in Cicero's Buch de amicitia die schwärmerische

Um den langgenährten Hass gegen Rom zu sühnen, um seine Vaterstadt Karthago für zahllose Unbilden an den stolzen Siegern zu rächen, endlich um durch Waffenmacht die Entscheidung herbeizuführen, wer fortan den

---

Verehrung des jüngern Lælius gegen Scipio Aemilianus sich kund thut. Am wichtigsten wären ohne Zweifel Scipio's eigene Worte, wenn er ausser dem bekannten Schreiben an den König Philipp über seine Feldzüge Polyb. X, 9, 3 und vielleicht einer Rede gegen den Nævius A. Gell. N. A. IV. 18; Liv. XXXVIII. 56 irgend etwas Schriftliches hinterlassen hätte; welches Cicero verneint. Cic. de Off. III, 1, 4. Als eine Stimme eines Zeitgenossen sind ferner die bekannten Verse des Nævius zu achten, wiewohl dem Urtheil des sehr freimüthigen Dichters kein übergrosses Gewicht beigelegt werden muss. cfr. Fragmente Comicor. Roman. Ed. Ribbekk. p. 21. Aul. Gell. N. A. VI, 8. Von diesen Zeitgenossen und namentlich von Laelius hängt die Darstellung des Polybins ab cfr. X, 3, 1; wiewohl er überall ein selbstständiges Urtheil sich bewahrt. Wie einlässlich und genau übrigens seine Quellen waren, kann man theils aus der Bewerbung Scipio's um die Aedilität, theils aus der Schilderung der Eroberung von Neucarthago, der beiden entscheidenden Schlachten bei Bæcula und namentlich der Beendigung des Kriegs ersehen, so dass wir, nach diesem zu urtheilen, überall, auch wo Polybius Bericht verloren ist, die grösste Ausführlichkeit voraussetzen dürfen. Ob auch überall die grösste Unparteilichkeit? Man hat gefunden, dass er über den Rückzug Hasdrubals und Scipio's Nichtbeachtung seines Uebergangs über die Pyrenäen nicht streng genug geurtheilt, ebenso dass er Hannibals Rüstungen vor der Schlacht bei Zama nicht genau dargestellt habe, und dergleichen mehr, wovon unten.

Dass auch die gleichzeitigen Schriftsteller Quintus Fabius Pictor und Cincius Alimentus sich der grössten Genauigkeit befleissigt, wird von Dionysius von Halicarnass bezeugt. 1, 6. Und wenn auch Polybius zuweilen den Fabius allzugrosser Vorliebe für die Römer beschuldigt, so beweist selbst dieser

Völkern des Westens gebieten und denselben Gesetze auferlegen sollte, war er an der Spitze eines Heeres von mehr als 100,000 Mann von den Ufern des Ebro aufgebrochen, hatte einen Marsch von 225 Meilen in fünf Monaten zurück-

---

Tadel mehr für als gegen die Glaubwürdigkeit des Geschichtschreibers. Allerdings aber mochte keiner so gründlich und umsichtig über Scipio's Eigenthümlichkeit urtheilen als Polybius, weil er nach der Nüchternheit seiner Betrachtungen alle seine Handlungen auf Einsicht, Klugheit, Ueberlegung und Voraussicht zurückführte und damit in Widerspruch mit dem Glauben des Volkes oder der Mehrheit trat. Siehe Polybius X, c. 2, 3, 5, 8. Im Wesentlichen wird sein Urtheil auch für die dem Scipio Aemilianus verwandten oder befreundeten Geschichtschreiber Fannius, Aelius Tubero, Sempronius Asellio und Sempronius Tuditanus massgebend gewesen sein. S. Franz Doroth. Gerlach „die Geschichtschreiber der Römer" p. 64. In wie fern diess von Caelius Antipater gilt, welcher den zweiten punischen Krieg recht eigentlich zum Mittelpunkt seiner Darstellung gewählt hatte, wage ich nicht zu bestimmen. Dagegen ist sicherlich von Valerius von Antium gerade das Gegentheil zu sagen, welcher auch sonst wegen seiner Lügenhaftigkeit und seiner Uebertreibung in Zahlangaben berüchtigt, gegen Scipio allerlei Unbegründetes angebracht zu haben scheint. Siehe die in meiner Schrift: De Vita Publii Cornelii Scipionis Africani Superioris, Basiliae 1865, p. 8, angeführten Stellen. Welches Urtheil über die andern Annalisten Cajus Cassius Hemina, Cajus Calpurnius Piso, über die Gellier und die Postumier und über Claudius Quadrigarius zu fällen sei, kann um so weniger angegeben werden, als wir über ihren Standpunkt durchaus im Unklaren sind. Nur das geht aus allem diesem hervor, dass Livius, der für uns jetzt die Hauptquelle ist, wie für den zweiten punischen Krieg überhaupt, so für das Leben Scipio's eine Fülle von Nachrichten vorfand, deren Vereinigung unter einem gemeinschaftlichen Gesichtspunkt zu einem lebensvollen Bilde vollkommen genügt hätte. Leider lag diess nicht in dem Plane

gelegt, hatte durch die feindlich gesinnten Völker Galliens sich den Weg gebahnt, die mit ewigem Schnee bedeckten Alpen überschritten und den Feind im eigenen Lande aufgesucht. So kühn und vermessen der Gedanke erschien,

---

seines Buches und er hat überdiess fast ausschliessend den Polybius zum Grunde gelegt und nur selten andere Berichterstatter herbeigezogen. Ob durch die Biographien des Cajus Oppius, des Julius Hyginus und des Cornelius Nepos eine tiefere Einsicht in den Charakter Scipio's gewonnen worden sei, möchte ich billig bezweifeln Gell. N. A. VII. Denn auch hier gilt Tacitus Ausspruch: Virtutes iis temporibus optime aestimantur, quibus facillime gignuntur. Agric. 1. Dennoch aber müssen wir für jede Mittheilung dankbar sein, wenn sie auch von den Spätern uns geboten wird. Wenn sie nicht aus bekannten Schriftstellern entlehnt sind, so stammen sie vielleicht aus griechischen Quellen, unter welche möglicher Weise Alexander Polyhistor, Strabo, Posidonius, Nicolaus Damascenus und der König Juba, so wie die Biographen Hannibals, Silenus, Sosilus, Eumachus und Chaereas zu zählen sind. S. Polyb. III. 20, 5 und das oben angeführte Buch: „die Geschichtschreiber der Römer" p. 75 etc. Daher Alles, was wir von eigentlich geschichtlichen Erzählungen, von zerstreuten Bemerkungen, Gedanken, Urtheilen bei den Spätern finden, bei Diodorus, Valerius Maximus, Dio Cassius, Appianus, Florus, Aurelius Victor, Orosius, Eutropius, Plutarchus Frontinus, Polyaenus, Zonaras, Julius Obsequens, Cicero, Seneca, Aulus Gellius, Plinius Major, Asconius Pedianus, Servius und den übrigen Grammatikern finden, berücksichtigt und bei Beurtheilung des Ganzen in Betracht gezogen werden muss. Besonders verdienen Appianus und Zonaras Berücksichtigung, weil sie offenbar theilweise aus uns unbekannten Quellen geschöpft haben und vorzüglich zur Vergleichung mit Polybius sehr schätzbare Beiträge enthalten. Wenn endlich die in Hexametern abgefasste Erzählung des zweiten punischen Kriegs von Silius Italicus etwas mehr wäre als die in Prosa umgesetzte und zum Theil verdorbene Darstellung des Livius, so würde ein wirkliches Gedicht über

Rom in Italien selber zu bekämpfen, so wenig fehlte dem tiefangelegten Plane kluge Berechnung, noch der Ausführung Entschiedenheit und Kraft zur That. Der Krieg mit Pyrrhus hatte gezeigt, dass die Völkerschaften Unteritaliens nur mit dem grössten Widerwillen den römischen Waffen

---

die Gedanken des grossen Scipio viel Aufschluss haben geben können. Jetzt haben wir nur unnützes Beiwerk zu der versificierten Prosa. Uebrigens erweist sich schon aus der Mannigfaltigkeit der Darsteller, dass vielfache Abweichungen in der Auffassung und der Darstellung vorkommen müssen. Polybius zuerst sieht sich veranlasst, die Ansichten derer zu bekämpfen, welche in Scipio ein Schooskind des Glückes finden und alle seine Thaten im Licht des Wunderbaren betrachteten. Polyb. X, 2, 3. Livius gesteht selber eine grosse Verschiedenheit der Berichte über das Lebensende des Scipio zu. cfr. 38, 56. Ja über Scipio's Sohn sagt er 37, 15: Is, ubi et quando et quo casu captus sit, sicut *pleraque* alia parum inter auctores constat; und widerlegt die gegen das Zeugniss der Geschichte erfundene Erzählung von der Unterredung zwischen Scipio und Hannibal in Ephesus. Plutarch. — Pyrrh. 8. Liv. 35, 14; App. Syr. 9—12. Und wenn Einige den Scipio vergötterten, scheint Valerius von Antium im Gegentheil Freude daran gefunden zu haben, denselben zu verlästern. Liv. 38, 50; 40, 39; 42, 11; 44, 13. Aul. Gell. N. A. 17, 8. Mit der höchst anmuthigen Erzählung über die Verlobung der Cornelia mit Tiberius Gracchus steht das Zeugniss des Polybius und Plutarchus in Widerspruch. cfr. Plutarch. V. Tib. Gracchi c. 4. Aber ausser diesen Widersprüchen, welche zwei ganz verschiedenen Strömungen, den unbedingten Lobrednern und den Tadlern und Verleumdern ihren Ursprung verdanken, giebt es noch sehr viele zweifelhafte Punkte (es lassen gegen 50 sich namhaft machen) in der Geschichte Scipio's, welche der Leichtgläubigkeit oder der Schönrednerei ihren Ursprung verdanken, so dass allein schon diese Divergenzen die genaueste und sorgfältigste Prüfung hätten hervorrufen sollen.

sich unterworfen hatten, und dass von ihrer Seite kein nachhaltiger Widerstand, eher Unterstützung zu erwarten war.¹) Dazu hatten in Oberitalien die Gallier, durch die Niederlassungen der Römer am Po bedroht, bereits die Waffen gegen ihre Unterdrücker erhoben und dem Hannibal Unterstützung und ein Waffenbündniss angeboten.²) Endlich konnten dem kriegsgeübten und durch Strapazen aller Art gestählten Heere Hannibals nur schnell aufgebotenes Kriegsvolk entgegengestellt werden. Daher Hannibal trotz des ungeheuren Verlustes an Menschen und Vieh,³) den er auf dem langwierigen und mühevollen Marsche erfahren, voll Siegesvertrauen das Panier erhob, und seine Hoffnung täuschte ihn nicht.

Dem vordringenden Feind warf sich am Tessin kühn entgegen der Consul Publius Cornelius Scipio mit einem frisch ausgehobenen Heere von kaum 20,000 Mann. Sein Ungestüm riss ihn fort, und während die Seinen überall von dem Feinde zurückgedrängt wurden, stürzte er mitten in das dichteste Kampfgewühl. Er wurde erkannt, von allen Seiten umringt und schien verloren, als ein Jüngling, hoch zu Ross, mit dem Schwerte sich den Weg zum Feldherrn bahnte, den Verwundeten befreite und der Wuth der Feinde entriss. Als gefragt wurde, wer der heldenmüthige Ritter gewesen sei, wurde der siebenzehnjährige

---

Diese vorläufige kurze Anzeige wird genügen, um die Schwierigkeiten der Untersuchung wenigstens anzudeuten.

¹) Polyb. III, 69, 85.
²) Polyb. IV, 34, 40.
³) Nach seiner eigenen Aussage brachte er nur 20,000 Mann zu Fuss und 6000 Reiter nach Italien. Polyb. III, 56. Liv. 21, 38. 10,000 hatte er in Spanien zurückgelassen; auf dem Marsche bis an die Rhone war das Heer bis auf 60,000 M. zusammengeschmolzen; über 30,000 hatte er von da bis zum Einmarsch in Italien verloren. cfr. Liv. 21, 23, 4.

Sohn des Consuls genannt, der in diesem Jahre unter den Augen seines Vaters seine kriegerische Laufbahn begonnen hatte. Als Retter seines Vaters und des Feldherrn hatte er doppelten Anspruch auf die Bürgerkrone sich erworben. Er lehnte jede Belohnung ab; aber seinem Volke hat diese That den Sieger in diesem Kriege verkündet.¹)

Indessen der unglückliche Ausgang dieses Gefechtes war nur der Vorbote neuer Niederlagen. Binnen zwei Jahren waren die Römer in vier Schlachten überwunden, am Tessin, an der Trebia, am Trasimenischen See, bei Cannæ. Oberitalien im vollen Aufstand, Etrurien, Umbrien, die Picenische Mark vom Feind durchzogen, das blühende Campanien mit Feuer und Schwert verwüstet und Appulien und Kalabrien bedroht. Es schien das Traumgesicht sich erfüllen zu wollen, das dem Hannibal erschienen war, als er im Lager am Ebro stand. Ein

---

¹) Die Angaben über das Lebensalter Scipio's zur Zeit der Schlacht am Tessin schwanken zwischen 17 und 18. Polyb. X, 3, 3: τότε γὰρ, ὡς ἔοικεν, ἑπτακαιδέκατον ἔτος ἔχων. Zonar. 8, 23: ἑπτακαιδεκαετής. Aurel. Victor 49: decem et octo annorum. Val. Max. V. 4, 2: nondum annos pubertatis egressus. Liv. 21, 26: Tum primum pubescens filius. Rettung seines Vaters, allgemeine Uebereinstimmung Liv. 21, 26; Polyb. l. l.; Valer. Max. l. c.; Dio Cass. 98.; Oros. 4, 14; Zonar. 9, 7, 217; Plin. N. H. XVI, 4; nur Cælius Antipater bei Liv. abweichend. Alter bei Uebernahme des Oberbefehls in Spanien nach Polyb. X, 6, 10: 27 Jahre, nach den übrigen 23—24. Val. Max. III, 7, 1: quartum et vigesimum annum agens. Aurel. Victor 49: viginti quatuor annorum prætor. Appian. Hispan. c. 18: τεσσάρων γὰρ καὶ εἴκοσιν ἐτῶν ἦν. Dio Cass. Excerpt. ap. Ang. Mai. 546. Liv. 26, 14, 7: quattuor et viginti ferme annos natus, wo also Polybius offenbar im Irrthum ist, selbst wenn Scipio erst im Jahre 209 nach Spanien abgegangen wäre.

Jüngling von übermenschlicher Gestalt war an ihn herangetreten und hatte ihm verkündet, er sei von Jupiter gesendet, um ihm den Weg nach Italien zu zeigen. Daher solle er ihm folgen, aber nie die Augen rückwärts wenden. Zitternd habe er dem Befehle gehorcht, ohne sich umzusehen oder zurückzublicken. Endlich habe er dem Verlangen nicht mehr widerstehen können und beim Umsehen habe er eine furchtbare Thiergestalt erblickt, den ganzen Leib mit zahllosen Schlangen bedeckt, welche unter Blitz und Donner, Sturm und Ungewitter sich langsam fortbewegte und Häuser, Bäume, Sträucher, Saaten, Alles niedertrat und alle Spuren menschlichen Anbau's vernichtete. Auf seine Anfrage, was dieses Ungethüm bedeute? habe er vernommen, das sei die Verheerung Italiens; er solle nur weiter ziehen, sich nicht darum kümmern und die Geheimnisse des Schicksals nicht enthüllen wollen.[1]

Das Land verwüstet, das Volk verblutet, die Blüthe der römischen Wehrkraft vernichtet, das waren die Folgen der erlittenen Niederlagen. Fünfundvierzig Tausend Bürger und Bundesgenossen deckten das Leichenfeld bei Cannæ; kein zweites Heer stand mehr im Felde, in wenigen Tagen konnten die Feinde vor den Thoren Roms erscheinen. Da kam Furcht und Entsetzen über die Gemüther; der Glaube an die Unbesiegbarkeit der römischen Legionen war erschüttert, die Zaghaften verzweifelten an der Zukunft. — Wenige Tage nach der Schlacht bei Cannæ, als einige Hauptleute des besiegten Heeres in Canusium Kriegsrath halten, wird ihnen gemeldet, dass eine Anzahl vornehmer junger Männer und viele andere Bürger, an ihrer Spitze Cæcilius Metellus, sich entschlossen hätten, ihr Vaterland und Italien zu verlassen, sich einzuschiffen und bei einem fremden Fürsten Dienste zu neh-

---

[1] Liv. 21, 32. Cic. de Div. 1, 24.

men. Das Verhängnissvolle eines solchen Entschlusses trat Allen vor die Seele, aber Keiner wusste Rath. Wie betäubt und gelähmt an allen Gliedern starrten sie unbeweglich vor sich hin, als der Oberste von der zweiten Legion plötzlich aufsprang und rief: »Hier bedarfs der Worte nicht, nur Thaten können helfen!« und das Schwert gezückt, stürzt er mit Wenigen fort und tritt mitten in den Kreis, der um Metellus versammelt war:

»So wahr mir Gott helfe, sprach er, schwöre ich, das gemeine Wesen des römischen Volkes nicht zu verlassen, und von keinem Andern diess zu dulden. Sollte ich diesem Eidschwur untreu werden, dann möge Gott, der Allmächtige, mich, meine Familie und mein ganzes Haus verderben. Der ist des Todes, der nicht den gleichen Eidschwur leistet.« Alle schwuren und übergaben sich dem jugendlichen Helden. Es war Publius Cornelius Scipio. Der Vater verdankte ihm das Leben, das Vaterland die Rettung aus der äussersten Gefahr.[1]

In der Noth und Bedrängniss des gemeinen Wesens war das Feldlager seine eigentliche Heimath, wo seine Kraft erstarkte, wo er als Genosse in jeglicher Gefahr und Vorbild ritterlicher Tapferkeit die Herzen des Kriegsvolkes sich gewann. Hoheit und Würde in seiner äussern Erscheinung, Geistesadel und Gedankentiefe in seinem Blick, Besonnenheit im Rath, und Kühnheit in der Schlacht, das waren die Eigenschaften, welche mit Milde und Menschenfreundlichkeit vereint, ihn zum Abgott des Heeres und der Bürger machten und einen unwiderstehlichen Zauber auf alle ausübten die ihm nahe kamen. Die Früchte dieser schwärmerischen Verehrung erntete er zuerst, als sein älterer Bruder Lucius sich um die curulische Aedilität bewarb. Da der Bewerber viele, und dar-

---

[1] Liv. XXII, 53. Val. Max. V, 6, 7. Appian. VII, 26.

unter sehr vornehme Männer waren, sein Bruder dem Volke noch sehr wenig bekannt geworden war, sein Vater an der Spitze des Heeres in Spanien stand, seine Mutter ängstlich alle Tempel und Kapellen besuchte, um den Segen des Himmels für seinen Bruder zu erflehen, so beschäftigte ihn die Sorge und der Kummer der Seinigen ausserordentlich. Da trat er eines Morgens zu seiner Mutter und erzählte ihr, wie schon zweimal im Traum ihm vorgekommen, dass er zugleich mit seinem Bruder zum Aedil gewählt von dem Markte nach Hause gekommen und von ihr mit Küssen und Umarmungen empfangen worden sei. »O, dass die Götter mich diesen Tag erleben liessen!« sprach die Mutter. Darauf Scipio: »Nun, liebe Mutter, sollen wir das Wagniss unternehmen?« Sie erwiederte lächelnd mit scherzhafter Hinweisung auf seine Jugend, denn er war erst 22 Jahre alt: »da würde man dir ja ein Feierkleid bereiten müssen,« sprach nicht weiter davon und hatte die Rede ihres Sohnes vergessen. Er aber am andern Morgen, während die Mutter noch im tiefen Schlafe lag, legte eine weisse Toga an, wie die Bewerber thun, und begab sich auf den Markt. Das Volk, überrascht, begrüsste ihn mit ungeheuchelter Freude und wie er zu seinem Bruder auf eine erhöhte Stelle trat, erklärten sich alle Stimmen für die Brüder, und die Wahl wäre sofort erfolgt, hätten nicht die Volkstribünen eingewendet, dass Publius noch nicht das gehörige Alter habe. Dieser erwiderte: »Wenn alle Bürger mich zum Aedil erwählen wollen, so bin ich alt genug;« und nun gieng die Wahl ohne Widerspruch von Statten. Der Traum war zur Wirklichkeit geworden. Die Mutter, durch die Erfüllung ihres Wunsches hochbeglückt, gieng den Söhnen freudestrahlend entgegen und führte sie unter Küssen und Umarmungen ins Haus.[1]

---

[1] Polyb. X, 29, 5. Liv. XXV, 2.

Unterdessen hatte der verheerende Krieg eine ungeheure Ausdehnung gewonnen. Nach der Schlacht bei Cannæ waren die Völkerschaften Unteritaliens, die Lukaner, Bruttier, Samniten, Appuler, die ganze griechische Seeküste, Croton, Locri, Metapontum, Heraclea, ferner in Campanien das reiche Capua, Atella und Calatia von den Römern abgefallen, Tarent war durch Verrath von den Karthagern besetzt, bis auf die Burg, und wenn nicht mehr so mörderische Schlachten geliefert wurden, so verödete der fortgesetzte kleine Krieg das Land, entvölkerte die Städte und verminderte die Bevölkerung von Jahr zu Jahr, so dass viele Bürgerschaften sich ausser Stand erklärten, die Lasten des Krieges ferner zu ertragen. Bis vor die Thore Roms war der karthagische Feldherr vorgedrungen und hatte in Latium wie in Picenum mit allen Schrecknissen des Kriegs seinen Marsch bezeichnet. Und dennoch hatte er den Entsatz von Capua nicht bewirken können; der ungesühnte Hass war stärker als die Furcht. Seitdem wurden Städte erobert und giengen verloren; Gefechte wurden geliefert und Schlachten geschlagen ohne Entscheidung. Der geistigen Ueberlegenheit Hannibals stand die römische Zähigkeit und Beharrlichkeit entgegen. Die mit Blut getränkte Erde hatte ein hartes Geschlecht erzeugt, welches unter den Schrecknissen des Krieges gross gezogen, dessen Gefahren trotzte und blutige Rache an den Feinden zu nehmen entschlossen war. Aber weit über die Grenzen Italiens hinaus hatte die Brandfackel des Krieges sich verbreitet. Hannibal hatte ein Bündniss mit dem König Philipp von Makedonien geschlossen, um auch von der Seeseite Italien zu bedrohen; mit dem Nachfolger des Königs Hiero, dem Tyrannen von Syrakus, hatte er sich verbündet, um den Römern Sicilien zu entreissen; karthagische Flotten erschienen an den italienischen Küsten; der Krieg wüthete in Ober-, Mittel- und Unteritalien, in

Sicilien und Griechenland, auf der Küste von Afrika, auf dem Meere wie auf dem Lande. Aber besonders in Spanien wurde der Kampf mit der grössten Anstrengung und mit steigender Erbitterung fortgesetzt, weil die Römer den Glauben hatten, dass, wie das Heer Hannibals aus diesem Lande ausgezogen war, dasselbe der eigentliche Stützpunkt des Krieges wäre, und dass von dort der Krieg genährt und unterhalten würde, dass von daher Hülfsvölker, Verstärkungen, Sold und andere Kriegsbedürfnisse kämen, namentlich aber, dass ein neues Heer von dieser Seite gegen Italien im Anzug sei. Desswegen hatten sie zwei der besten Feldherrn, die beiden Brüder Publius und Cnejus Scipio, die Wetter des Krieges, wie man sie nannte, dahin gesendet, welche acht Jahre lang den Kampf mit abwechselndem Glücke fortsetzten und die Karthager so beschäftigten, dass die Absendung eines neuen Heeres bis dahin unmöglich gewesen war. Namentlich war durch die Gerechtigkeit und den Edelsinn der Scipionen das Ansehen des römischen Namens wieder hergestellt, und durch ihre gewinnende Güte und Freundlichkeit waren viele Völker Spaniens für den Bund mit Rom gewonnen worden, so dass das Gleichgewicht wieder vollkommen hergestellt schien. Da wird die unerwartete Botschaft nach Rom gebracht, dass innerhalb 30 Tagen die beiden Feldherrn geschlagen, ihre Heere aufgerieben, sie selber den Heldentod gestorben wären. Nicht durch feindliche Tapferkeit besiegt, sondern ein Opfer des Verraths waren sie gefallen, und die Trümmer ihrer Heere hatten sich mit genauer Noth gerettet. Jetzt drohte aufs Neue die Gefahr, dass die drei karthagischen Feldherrn mit gesammter Heeresmacht nach Italien aufbrechen, sich mit Hannibal vereinigen und allen fernern Widerstand vereiteln würden.

Daher waren jetzt Aller Augen auf Spanien gerichtet, und wenn schon durch die Uebergabe von Capua und

Syrakus und die Wiedereroberung von Tarent die nächste Gefahr abgewendet schien und wenigstens die Möglichkeit einer kräftigen Hülfeleistung gegeben war, so wurde um so mehr die Abwesenheit einer höhern leitenden Kraft vermisst. Claudius Nero, der unmittelbar von Capua nach Spanien gesendet war, hatte sich der karthagischen Schlauheit gegenüber als durchaus ungenügend erwiesen, geschweige denn, dass er den vereinten Kräften der drei Feldherrn hätte widerstehen können. Daher war die Rathlosigkeit gross, und bei der trostlosen Lage fühlte jeder die Grösse der Verantwortung bei der Wahl eines Feldherrn, welcher an die Stelle so ausgezeichneter Heerführer treten sollte. Die Consuln hatten Auftrag erhalten, die Volkstribünen zu veranlassen, diese Angelegenheit vor die Bürgergemeinde zu bringen, damit von der Gesammtheit des Volkes die Wahl getroffen würde. Somit wurde ein Tag für eine Gemeinde-Versammlung angesetzt. Dabei war die allgemeine Erwartung, dass sich diejenigen melden würden, welche sich selber eines solchen Vertrauens würdig hielten. Aber in dieser Hoffnung sah man sich getäuscht. Niemand wollte ein solches Wagniss übernehmen, kein einziger Name war genannt worden, so dass die Bürger ohne Rath und ohne Hoffnung auf dem Marsfelde zusammenkamen. Hier waren aller Blicke auf die vorsitzenden Consuln gerichtet, welche selber ängstlich und unschlüssig irgend ein Ereigniss zu erwarten schienen. Eine lautlose Stille herrschte, nur in leisen Klagen äusserte sich die Unzufriedenheit des Volkes und Aller Gemüther waren aufs Aeusserste gespannt, als plötzlich Publius Cornelius Scipio, der Sohn des in Spanien gefallenen Consuls, hervortrat und sich als Bewerber um den Oberbefehl in Spanien erklärte. Freudig überrascht jauchzte die Versammlung ihm entgegen und bei der darauf folgenden Abstimmung wurde er einstimmig vom Volke zum Oberfeldherrn in Spanien ernannt. Indessen nach der Wahl, wo die Kühle der Ueberlegung sich wieder geltend machte, waren wieder mächtige Zweifel in den Herzen der Bedächtigen aufgestiegen. Einen jungen Mann von kaum 24 Jahren hatte man gewählt, der ausser der Aedilität noch kein Staatsamt bekleidet hatte, und wenn auch als tüchtiger Kriegsmann bewährt, noch niemals an der Spitze eines Heeres gestanden hatte. Und diesen wollte man bewährten Feldherrn, Hannibals Bruder, Hasdrubal, dem Hanno und Hamilcar gegenüberstellen! Aber Scipio hat durch klare und lichtvolle Darstellung der Verhältnisse alle Besorgnisse verscheucht, und wenn ihm ein geheimer Zug des Herzens augenblicklich die Gewalt verliehen hatte, so kam jetzt die volle Ueberzeugung von der Zweckmässigkeit hinzu. In der That hatte Scipio über die Verhältnisse in Spanien sich sehr sorgfältig und genau unterrichtet, er wusste, dass die karthagischen Feldherrn, uneinig untereinander, den Krieg planlos führten und durch Stolz, Uebermuth und Grausamkeit die Gemüther der Spanier sich entfremdeten; wie sie denn auch ohne alle Verbindung in den entlegendsten Theilen des Landes standen und den durch Verrath errungenen Sieg nicht verstanden zu benutzen. Indem er nun mit eben so viel Besonnenheit als freudiger Zuversicht über die Kriegführung sich verbreitete, und mit der ganzen Stärke innerer Ueberzeugung den römischen Waffen gewissen Sieg verkündete, und die stolze Ahnung seiner grossen Seele seinem Auge einen wunderbaren Glanz verlieh, erschien er dem Volke wie ein Seher, dessem Blicke sich die fernste Zukunft offenbare. Da erzählte einer dem andern, wie sie ihn alle Morgen frühe vor Tage hätten nach dem Kapitole wandern sehen, wo er lange mit stillem Gebete in dem Tempel des Jupiter verweilte. Da wurde an die Aussagen der Priester über seine wunderbare Geburt erinnert, wonach er als ein Vertrauter und Liebling der Götter bezeichnet ward; und so manche alte Erinnerung wurde wieder wach, dass die Bürgergemeinde mit freudiger Zuversicht und der bestimmten Erwartung eines glücklichen Erfolges auseinandergieng.[1]) Und dass diese Ahnung sie nicht betrogen, hat die nächste Zukunft offenbart. Nach kaum fünf Jahren sahen sie ihre kühnsten Wünsche erfüllt. Die karthagischen Heere in Spanien geschlagen, besiegt, zerstreut, vernichtet. Ganz Spanien unterjocht oder befreundet und mit Rom verbündet; Karthago selber von Spanien aus bedroht. Dem Feldherrn überall auf seiner Siegeslaufbahn zu verfolgen, liegt nicht in unserm Plan, wohl aber dürfen wir das Ereigniss nicht übergehen, welches, wie es den Feldzug eröffnete, so auch den glücklichen Erfolg verbürgte, ich meine die Eroberung von Neu-Karthago oder Karthagena.

Diese Stadt, fast in der Mitte der langgestreckten Südküste von Spanien gelegen, dem alten Karthago fast gegenüber, mit einem trefflichen Hafen für die grösste Kriegs- und Handelsflotte und einer zahlreichen Bevölkerung von Fischern, Schiffern, Handwerkern und Handelsleuten, war von ihrem Gründer, dem ältern Hasdrubal, zum eigentlichen Waffenplatz für die Kriege in Spanien bestimmt und durch ihren ausgedehnten Handel, ihre gewerbliche Thätigkeit und durch die Festigkeit ihrer Lage, denn sie war auf einer Landzunge erbaut und fast ganz vom Meer umflossen, der eigentliche Stützpunkt für alle kriegerischen Unternehmungen in Spanien geworden. Auf der dortigen Werfte wurden die Kriegsschiffe ausgerüstet, dort fanden die Flotten eine sichere Zuflucht, da war die Hauptniederlage aller Kriegsgeräthe, da versammelten sich die

---

[1]) Liv. XXVI, 18. 19. Appian. Iber. 18. Val. Max. III, 7, 1. Sil. Ital. XV, 1 sq.

Heere, da wurden sie bewaffnet und mit allem Nötbigen versehen, dort wurden auch die vielen Hunderte von Geisseln aufbewahrt, die Pfänder für die Treue der besiegten Völker. Scipio, dessen Scharfblick die Wichtigkeit eines solchen Platzes im ersten Augenblick erkannte, wollte denselben um jeden Preis dem Feind entreissen und, wenn schon im Anfang fast ausschliessend mit der Bildung des eigenen Heeres beschäftigt, oder die Büudnisse und Verträge mit den spanischen Völkern zu befestigen und zu erneuern, verlor er diesen Plan nie aus den Augen und war unablässig bemüht, die feindlichen Stellungen zu erforschen, über die festen Plätze und ihre Besatzungen Erkundigungen einzuziehen und über Alles Gewissheit sich zu verschaffen, was seine Absicht fördern oder vereiteln könnte

So hatte er in Erfahrung gebracht, dass Hasdrubal, der Sohn des Gisgo, nach dem äussersten Westen, bis nach Gades zurückgegangen war, dass Mago in der Mitte des Landes am Gebirge von Castulo eine Stellung genommen habe, und dass Hasdrubal, der Sohn Hamilcars, in der Nähe des Ebro eine Stadt unweit Sagunt belagere, jeder wenigstens zehn Tagmärsche entfernt von Neukarthago. Diess bestärkte ihn in seinem Vorhaben und darauf baute er seinen Plan. Tarraco (das heutige Tarragona) war der Sammelplatz des römischen Heeres. Dorthin kamen die Gesandten der verbündeten Völker, dorthin führte der Ritter Marcius die Ueberreste des geschlagenen Heeres, dorthin richteten auch die aus Italien gesendeten Verstärkungen ihren Marsch. Die Gesammtzahl betrug 25,000 Mann zu Fuss, 2500 Reiter, erprobte Soldaten, voll Vertrauen auf den jugendlichen Feldherrn, dessen blosser Name die Bürgschaft des Sieges schien. Alle Vorbereitungen traf er in der grössten Stille, der Schleier des Geheimnisses verhüllte alle seine Pläne und Niemanden machte er zum Vertrauten, als den Cajus Laelius, ohne welchen er nichts Grosses unternahm. Plötzlich gab er Befehl zum Aufbruch, und da er die Richtung seines Marsches sorgfältig verbarg, so stand er nach sieben Tagen unerwartet vor den Mauern von Neu-Karthago. Um die Feinde zu überraschen, begann er sofort den Angriff, während gleichzeitig die Flotte vor dem Hafen der Stadt erschien. Einen goldenen Kranz versprach er dem, der zuerst die Mauer ersteigen würde, eine angemessene Belohnung jedem Tapfern; der Sieg sei unzweifelhaft; Neptunus selber habe ihm im Traum den Sturm geboten und werde in der Stunde der Gefahr erscheinen und mit seinem Beistand nahe sein. Er selbst, um überall Zeuge der Tapferkeit der Einzelnen zu sein, hatte drei starke Jünglinge ausgewählt, welche mit ihren Schilden schützend ihn umgeben und gegen die Wirkung feindlicher Geschosse sicher stellen sollten, so dass er ohne Gefahr alle Bewegungen des Heeres leiten konnte. Darauf liess er die Harsthörner zum Sturm blasen, und der Kampf beginnt. Eine Abtheilung rückte den Belagerten entgegen, welche einen Ausfall wagten, andere überschütteten die Vertheidiger der Mauern mit einem Hagel von Wurfpfeilen und Geschossen; wieder andere rückten mit Sturmleitern heran, um die Mauern zu erklimmen. Während so von der Landseite alle Kräfte der Belagerten in Anspruch genommen wurden, trat plötzlich die Zeit der Ebbe ein, auf welche Scipio für das Gelingen seiner Pläne seine Hoffnung gesetzt hatte. Alsbald sprang die Schiffsmannschaft ins Meer, durchwatete die Untiefen und näherte sich den Mauern von der Seeseite, wo kein Angriff erwartet worden war. Rasch wurden die Zinnen der Mauern erstiegen und plötzlich erscholl im Rücken der Kämpfenden das Freudengeschrei über die Eroberung der Stadt. Jetzt entstand namenlose Verwirrung. Während der Feind durch die geöffneten Thore eindrang, flohen die einen von den Mauern nach dem Hafen, während umgekehrt die von dem Meere her nach der Mitte der Stadt rannten, um wo möglich die Burg zu erreichen.

Furchtbar war das Blutbad in den engen Strassen, wo Feind und Freund sich zusammendrängten. Denn die Römer stiessen schonungslos Alles nieder, was ihnen entgegen trat, bis auch der Befehlshaber der Burg, Mago, sich dem Feinde übergab. Jetzt liess Scipio dem Morden Einhalt thun und die Gefangenen, zehntausend an der Zahl, auf dem Markt zusammentreten. Hier schied er die freien Bürger mit ihren Familien aus und schenkte ihnen allen die Freiheit unter der Bedingung, dass sie treu zu deu Römern halten sollten. Den Handwerkern dagegen, welche in den Zeugbäusern und auf den Werften Beschäftigung hatten, stellte er die Freiheit in Aussicht, wenn sie während des Krieges nützliche Dienste leisten würden. Von den Sklaven endlich wählte er die stärksten und tüchtigsten zum Dienst auf der Flotte und den Schiffen, deren er dreiundsechzig erobert hatte, so dass die Bemannung vollzählig wurde.

Die übrige Beute war über alle Erwartung gross. An Waaren, Waffen, Vorräthen, Getreide, edlen Metallen, welche die reichen Silberbergwerke lieferten, fand man eine solche Masse, dass grosse Heere Jahrelang damit unterhalten werden konnten.

Seine nächste Sorge waren die Geisseln, deren über 300 aus ganz Spanien nach Neu-Karthago geschickt, daselbst aufbewahrt wurden. Er liess sich dieselben vorführen, redete mit Allen liebreich und freundlich, tröstete sie, dass sie bald die Heimath und die Eltern wiedersehen würden, dann befahl er ihren Angehörigen zu schreiben, um ihnen die baldige Rückkehr der Ihrigen zu melden, liess sie einladen, ihre Kinder persönlich in Empfang zu nehmen, und entliess sie alle reichlich beschenkt in ihre Heimath. Besonders trug er Sorge für die Frauen, da viele spanische Fürstentöchter sich unter ihnen befanden, und befahl, sie wie die Schwestern von Gastfreunden zu ehren und zu schätzen.

Nach diesem führten die Soldaten dem Feldherrn eine Gefangene zu, eine Jungfrau von ungemeiner Schönheit, welche, wo sie erschien, Aller Blicke auf sich richtete. Scipio, wie zu allen Zeiten ritterliche Tapferkeit weiblicher Anmuth gehuldigt hat, war durch den wunderbaren Liebreiz des Mädchens überrascht, aber bald seiner Stellung eingedenk und nur den bessern Gefühlen seines Herzens folgend, erkundigte er sich nach dem Vaterlande und der Herkunft des Mädchens und erfuhr, dass sie die Tochter eines angesehenen Mannes und einem keltiberischen Fürsten, dem Allucius, verloht sei. Sogleich liess er die Eltern herbeirufen, von denen er vernahm, dass der Jüngling seine Braut über alles liebe, und von Liebe und Eifersucht verzehrt, den Augenblick des Wiedersehens kaum erwarten könnte. Daher er auch den Allucius kommen liess und ihm seine Braut mit folgenden Worten übergab: »Wenn du einen braven Mann in mir erkennst, so wisse, dass noch viele meines Gleichen in Rom und Italien wohnen, wie ihr auch meinen Vater und Oheim als biedere und wackere Männer erfunden habt. Solche Männer zu Freunden zu besitzen, ist nützlicher, als sie zu befehden.« Der junge Fürst, durch so viel Güte beschämt, rief Götter und Menschen zu Zeugen seiner unbegrenzten Dankbarkeit an, und unmittelbar auf die Worte folgte die That; denn wenige Tage später erschien er mit 1400 ausgewählten Reitern im römischen Lager. Die Eltern aber, welche mit einem beträchtlichen Lösegeld zu Scipio gekommen waren, boten diese Summe dem Scipio als Geschenk an, weil ihnen ihre Tochter ohne Lösegeld zurückgegeben worden war. Sie baten, dieses schwache Zeichen ihres Dankes nicht zu verschmähen.

Scipio liess sich endlich zur Annahme bewegen, übergab aber sogleich diese Summe dem Allucius als Hochzeitgeschenk. Diese That vollendete den Triumph des Scipio; denn nicht nur eine wohlbefestigte Stadt, sondern die Herzen des Volkes hatte er erobert; und die Keltiberier, als sie in ihre Heimath kamen, verkündeten überall: es sei ein Jüngling aus Rom nach Spanien gekommen, der den Göttern gleich, durch Tapferkeit und Seelengüte alles überwinde.

Wenn Scipio bei solchen Thaten nicht minder dem edlen Triebe seines Herzens als dem Rufe der Pflicht gehorchte, welche Bekämpfung jeder Leidenschaft gebot, so hat er damit zugleich die höchste Staatskunst ausgeübt, welche durchaus nur von der Liebe und Anhänglichkeit der Spanier sich einen bleibenden Erfolg versprechen konnte. Denn die kriegerischen und thatenlustigen Völker Spaniens, wenngleich nicht unempfindlich gegen das karthagische Gold, standen keinesweges so tief, dass sie für schnöden Sold aller Pflichten gegen das Vaterland vergassen. Ruhm, Ehre und ritterliche Tapferkeit waren Gegenstände ihrer Bewunderung und freudig folgten sie dem Paniere eines Helden, an dessen Fussstapfen der Sieg geheftet schien.

Zuerst nun galt es, die gemachte Eroberung zu sichern und möglichst auszubeuten. Daher wurden die Mauern und Festungswerke ausgebessert und nach Möglichkeit ausgedehnt und verstärkt. Dann wurden die Arbeiten in den Zeughäusern und auf den Werften unter geschickter Aufsicht wieder aufgenommen und eine ungemeine Thätigkeit begann. Waffen aller Art, Schwerter, Spiesse, Lanzen wurden geschmiedet, Catapulten und Balisten angefertigt, Schiffe theils neu gebaut, theils mit allem Nöthigen versehen, ausgerüstet und segelfertig gemacht, die Schiffsmannschaft eingetheilt, im Dienst geübt, und alles wie für einen nahe bevorstehenden Kampf in Stand gesetzt.

Nicht minder gross war die Thätigkeit im Lager. Hier sah man das Fussvolk in voller Rüstung grosse Strecken im Sturmschritt zurücklegen; dort wurde Waffenschau gehalten, Helme, Harnische gereinigt und geputzt, Spiesse und Schwerter geschliffen und geschärft, und Uebungen aller Art, im Laufen, Springen, im Kampf mit Spiess und Schwert, und im Schleudern der Wurfspiesse veranstaltet und von den Hauptleuten beaufsichtigt. Nicht weniger mannigfaltig waren die Uebungen der Reiterei. Rechts und links einsprengen, in Geschwadern vor- und rückwärts sich bewegen, rechts und links abschwenken, sich in Rotten und Züge auflösen und sich wieder sammeln, alle diese Bewegungen und Schwenkungen im schnellsten Trabb und mit Beibehaltung der Entfernungen und der Glieder auszuführen, und vieles Andere wurden die Reiter gelehrt und so eingeübt, dass sie mit vollem Vertrauen und neuer Zuversicht den Feinden entgegen ziehen konnten.

Scipio selber war die Seele dieser Thätigkeit. Bald sah man ihn an der Spitze der Reiterei, bald war er bei dem Fussvolk. Mit den Reitern tummelte er sich herum und keiner that es ihm zuvor in der Führung des Rosses, in der Kühnheit, wenn er über Gräben setzte, in der Schnelligkeit, wenn sie nach einem Ziele jagten. Mit den Fussgängern übte er sich im Laufen, Springen, Fechten; überall mit eigenem Beispiel vorleuchtend, theilte er alle Mühen und Beschwerden des Dienstes mit dem Heer. Selbst die Werkleute erfreuten sich seiner Gegenwart. Mahnend, leitend, ordnend wusste er durch freundliches Zureden, durch verständigen Tadel und wohlangebrachtes Lob Vertrauen und Liebe zu erwerben, die Herzen der Menge zu gewinnen und eine Gewissheit des Erfolges zu erzeugen, wie es nur der geistigen Ueberlegenheit verliehen ist.[1])

Scipio liess in Neu-Karthago eine hinlängliche Besatzung zurück, um die wichtige Eroberung zu sichern, und trat den Rückmarsch nach Tarraco an. Manche mochten erwartet haben, er würde sofort dem Siegesvertrauen seines Heeres folgend, einen der drei feindlichen Feldherrn eine Schlacht anbieten, er aber hielt es für zweckmässiger die Wirkungen des glücklichen Erfolges abzuwarten und namentlich durch Schonung und Milde die Herzen der Spanier zu gewinnen. Diess gelang ihm auch in dem Grade, dass zwei der mächtigsten Fürsten Spaniens, Mandonius und Indibilis, welche bisher als die treuesten Anhänger der Karthager galten, diese verliessen und zu ihm ins Lager kamen, um ihren Uebertritt förmlich anzukündigen. Durch die günstige Aufnahme, welche sie fanden, wurde der Ruf von Scipio's Grossmuth immer allgemeiner in Spanien verbreitet, die allgemeine Stimme erhob sich immer mehr zu seinen Gunsten und führte ihm täglich neue Verbündete zu. Dadurch bewogen, gedachte Hasdrubal, der an Geist seinem Bruder Hannibal ähnlich war, noch einmal das Glück einer Schlacht zu versuchen, und wenn der Ausgang ungünstig für ihn wäre, mit den Spaniern, auf deren Treue Scipio gegenüber er sich nicht mehr verlassen konnte, über die Pyrenäen zu gehen und seinem Bruder den Ueberrest seines Heeres zuzuführen. Dieser Plan kam Scipio's Absichten in so weit entgegen, als er seinerseits vom Senate

---

[1]) Ueber das andre Jahr der Feldzüge in Spanien Polyb. X, 6—20. Liv. XXVI, 42—51. Appian. Hispan. 19—24. Zonares IX, 8. Sil. Ital. XV, 180 sqq. Appian setzt die Einnahme der Stadt den vierten Tag nach der Ankunft c. 23, Polybius, wie es scheint, am zweiten. C. 12 init. cfr. 13, 11. Livius lässt es unbestimmt, scheint aber nur einen Tag der Belagerung anzunehmen. C. 48 init.

aufgefordert, schon lange die Absicht hatte, dem Hasdrubal eine Hauptschlacht zu liefern, um die Ausführung jenes Planes zu verhindern. Sein Heer hatte sich durch die von allen Seiten herbeikommenden Hülfsvölker und durch Zuziehung der Soldaten von der Flotte, so verstärkt, dass das Gleichgewicht der Zahl beinahe erreicht war.

Hasdrubal, welcher in den Gebirgen von Castulo (Sierra Morena) die Pässe besetzt hielt, welche die Verbindung des nord-westlichen Spaniens mit Baetica vermittelte, hatte ohnweit Bæcula mit seinem Heere Stellung auf einer terassenförmig sich erhebenden Anhöhe genommen, welche oben eine bedeutende Hochebene bildete, aber sich allmählig gegen eine zweite Ebene herabsenkte. Diese beiden Ebenen waren von einer wallartigen natürlichen Einfassung eingeschlossen, wodurch dieselben so wie durch den Fluss, der sie zum Theil umströmte, geschützt waren. Die untere Ebene füllten die numidischen Reiter, und die balearischen Schleuderer und das afrikanische Fussvolk. Dagegen waren auf der Hochebene die spanischen Söldner aufgestellt. Die untenstehenden Leichtbewaffneten wurden durch die römischen Veliten und das leichte Fussvolk nach heftigem Widerstande geworfen und sofort der Angriff auf die zweite Anhöhe gerichtet. Während der Gewalthaufe von vorne stürmte, umgiengen Scipio und Lælius rechts und links die feindliche Stellung, und das feindliche Heer wäre vernichtet worden, wenn nicht Hasdrubal gleich beim Anfang mit der Kriegskasse, den Elephanten und dem Kerne des Heeres sich zurückgezogen hätte, um einen Vorsprung vor den verfolgenden Feinden zu gewinnen. Die Niederlage der Feinde war gross. 8000 wurden erschlagen und über 10,000 Mann Fussvolk und 2000 Reiter gefangen. Die Karthager wurden als Sklaven verkauft, die Spanier sämmtlich ohne Lösegeld in ihre Heimath entlassen; eine Grossmuth, welche eine solche allgemeine Begeisterung erregte, dass das Volk ihn laut jubelnd als König begrüsste, während Scipio diesen Ehrennamen mit republikanischem Stolze zurückwiess.

Indessen war weder die Niederlage der Feinde so entscheidend, noch der Sieg in seinen Folgen so bedeutend, als er unter andern Verhältnissen hätte sein können. Diess schon darum nicht, weil Hasdrubal absichtlich das Gefecht abgebrochen und mit einem Theil des Heeres sich zurückgezogen hatte, ehe seine Stellung von beiden Seiten umgangen war. Denn sein Plan war von Anfang gewesen, wenn sich das Waffenglück nicht für ihn entschied, den Kern seines Heeres über die Pyrenäen und nach Italien zu führen, wohin ihn die Bitten seines Bruders Hannibal, der Befehl des Senats in Karthago und der Hinblick auf die Zusammensetzung seines Heeres riefen, weil er die spanischen Söldner nicht der Gefahr der Verführung durch die herrschende Stimmung ihrer Landsleute aussetzen durfte. Scipio sandte ihm eine Abtheilung seines Heeres nach, um die Pyrenäenpässe zu besetzen. Mit dem Hauptheere ihn zu verfolgen, wagte er nicht, weil noch zwei andere Heere ihm im Rücken standen, und wenn er gegen Hasdrubal marschierte, die Vereinigung der drei feindlichen Heere fürchten musste. Denn so wie der Römer Absicht war, den Zuzug zu Hannibal aus Spanien zu verhindern, so verfolgten die Karthager beharrlich den Plan, den Scipio nicht nur an der Verfolgung Hasdrubals und dem Rückzug nach Italien, sondern auch an einer Landung in Afrika, die von Neu-Karthago leicht möglich war, zu verhindern. So konnte Hasdrubal, der seinen Marsch nach Norden richtete, seinen Zweck erreichen, während Scipio theils durch die im Rücken stehenden Heere, theils durch die Erwägung festgehalten wurde, sich nicht zu weit von den Stützpunkten seiner Stellung, Tarraco und Karthago Nova, zu entfernen. Hat er aber den Abzug Hasdrubals nicht verhindern können, so war derselbe nur mit den Trümmern eines geschlagenen Heeres bewerkstelligt worden; Werbungen in Gallien aber, diess- und jenseits der Alpen, konnten auf keine Weise verhindert werden, und waren offenbar weniger gefährlich. Immerhin hatte Scipio einen der gefährlichsten Gegner aus dem Felde geschlagen, seine Verbindungen mit den spanischen Fürsten befestigt und die gemachten Eroberungen gesichert.[1])

---

[1]) Chronologie des Kriegs in Spanien unter der Anführung von P. Cornelius Scipio. Auf jeden Fall ist unrichtig, was Livius XXVI, 20 sagt: Aestatis ejus extremo, quo capta est Capua, Scipio in Hispaniam venit. Allerdings setzt Cicero Or. 11 in Rullum c. 33 diese Eroberung erst 209 unter Q. Fabius Maximus Verricosus und Q. Fulvius Flaccus IV, wo man eine Verwechslung von Cn. Fulvius Centumulus und Q. Fulvius Flaccus IV annehmen könnte. Wenn aber Neukarthago erst nach der Einnahme von Tarent erobert worden ist, wie Livius XXVII, 20, 9 und Polybius X, 1, 10 anzudeuten scheint, so konnte Scipio auf keinen Fall schon im Jahr 211 nach Spanien gehen. Auch darum nicht, weil er nicht im 27., sondern im 24. Jahre gewählt wurde, Polyb. X, 6, 10; ferner weil die beiden Scipionen erst im achten Jahre nach ihrem Auftreten in Spanien gefallen waren, Liv. XXV, 36, 14; 38, 6; Silius Italicus XIII, 671; also erst im Jahr 211, nach ihnen aber zuerst den Oberbefehl Marcius übernimmt und dann vom Senat Claudius Nero nach der Eroberung von Capua mit einem Heere geschickt wird, welches er gegen Hasdrubal führt. Also da diess erst im Jahr 210 geschieht, kann Scipio höchstens im Spätherbst, oder streng genommen erst im Frühjahr 209 nach Spanien gekommen sein, wenn er doch 24 Jahre alt den Oberbefehl übernahm. Damit stimmt denn auch überein, dass er im fünften Jahre den Krieg in Spanien beendigte, vom Herbst 210 bis im Herbst 206, da er erst kurz vor dem Anfang des Consulatsjahres scheint nach

Der Senat von Karthago dagegen, entschlossen Alles
an die Behauptung Spaniens zu setzen, welches mit seinen
unerschöpflichen Hülfsquellen eine Hauptstütze der Machtstellung in Afrika war, hatte noch vor dem Abzug Has-

---

Rom gekommen zu sein. Wenn nun im vierzehnten Jahr des
punischen Kriegs Scipio Consul wurde, Liv. XXVIII, 38, 12, so
kann nicht in dem vierzehnten Jahre oder im fünften des Oberbefehls des Scipio die zweite Schlacht bei Bæcula geschlagen
worden sein, was doch Livius behauptet XXVIII, 16, 14; sondern der Verlauf der Begebenheiten wird folgender gewesen
sein: Im achten Jahre, nachdem Cnejus Scipio nach Spanien
gekommen war, starb er, Liv. XXV, 36, 14, also im Jahre 211,
nicht 212, wie man gewöhnlich annimmt, worauf Lucius Marcius den Oberbefehl übernimmt, Liv. XXV, 37. Der Bericht
über seine Thaten gelangt nach Rom 211, Liv. XXVI, 2; aber
auf keinen Fall zu Anfang des Jahres, wie Livius sagt. Nach
Eroberung Capua's wird Claudius Nero nach Spanien geschickt,
wahrscheinlich erst im Frühjahr 210. Da er nun einen förmlichen Kriegszug unternahm, Liv. XXVI, 17, so dass auf jeden
Fall der Sommer mit diesen Begebenheiten ausgefüllt worden
ist, daher Scipio entschieden erst im Spätherbst 210 nach Spanien abgegangen ist, so fällt von selbst die Eroberung von
Carthago Nova in das Jahr 209, die Schacht gegen Hasdrubal,
des Hamilcar Sohn, in das Jahr 208, die zweite Schlacht bei
Bæcula gegen Hasdrubal, des Gisco Sohn, in das Jahr 207,
die Krankheit Scipio's und die Empörung in Sucro in das Jahr
206, und im Winter 206—205 kehrt er nach Rom zurück.
Und so muss es bei Livius XXVIII, 16 heissen, ganz richtig
vom Jahr 206; ductu atque auspicio P. Scipionis pulsi Hispania
Carthaginienses sunt, *tertio* decimo post bellum initum, quinto
quam P. Scipio provinciam et exercitum accepit, und so auch
weiter unten XXVIII, 38, 12: quinto decimo anno Punici belli
P. Cornelius Scipio et P. Licinius Crassus ut consulatum inierunt,
nominatæ consulibus provinciæ sunt. Noch einige Fehler der

drubals ein neues Heer aus Karthagern und Afrikanern gebildet, und nach Spanien gesendet, welches in der Mitte des Landes Stellung nehmen, sich durch spanische Söldner verstärken, den Scipio beschäftigen und die noch

---

andern Berichterstatter sind zu rügen. Zuerst dass Zonaras die Schlacht gegen Hasdrubal gleich nach der Einnahme von Nova Carthago setzt p. 221. Ed. Bonn. Appian dagegen Iber. VI, 17 lässt nach dem Tode der Scipionen den Marcellus und Claudius nach Spanien ziehen und Nichts ausrichten. Carthago Nova wird erst am vierten Tag erobert c. 23. Dagegen bestätigt Polyb. X, 20, dass Scipio eine Zeitlang in Nova Carthago blieb χρόνον μέν τινα ἐν τῇ καρχηδόνι τάς τε ναυτικάς δυνάμεις ἐγύμναζε κ. τ. λ. Dass er überhaupt die Operationen nicht gleich nach seiner Ankunft in Spanien begann, deutet Zonaras mit den Worten an: εἰ καὶ ἐγλίχετο — ἀλλ' οὐκ ἐπείγετο Zon. 220, wonach die oben angenommene Zeitfolge der Begebenheiten bestätigt wird, indem im ersten Jahr gar nicht einmal Zeit blieb, um noch weiteres zu unternehmen, wenn auch nicht die Klugheit von einem Angriff auf Hasdrubal abgerathen hätte. Im folgenden Jahre hingegen war es Hasdrubal selber, welcher eine Entscheidung suchte, und Scipio kam, durch die erhaltenen Verstärkungen ermuthigt, diesem Wunsche entgegen. Dass übrigens trotz des Vorwurfs, den ihm auch Fabius Maximus machte, dass er den Hasdrubal habe entwischen lassen, Liv. XXVIII, 42, 10, Scipio völlig gerechtfertigt werden kann, beweisen die Zeugnisse der Schriftsteller. Nach Livius XXVII, 20 riethen ihm allerdings Einige, den Hasdrubal zu verfolgen, er aber gab diesem Rath kein Gehör, weil er fürchtete, dass die andern beiden karthagischen Feldherrn sich mit dem Hasdrubal vereinigten. Er begnügte sich daher, die gewöhnlichen üblichen Pässe über die Pyrenäen besetzen zu lassen. Dass seine Besorgniss wegen der feindlichen Feldherrn nicht ungegründet war, sagt Zonaras mit klaren Worten p. 222: οἱ δὲ συστράτηγοι αὐτῷ κατὰ χώραν μείναντες ἀσχολίαν

treuen Bundesgenossen in der Unterwürfigkeit erhalten sollten. Schon war Hanno, der Befehlshaber des neugebildeten Heeres, in Celtiberien eingerückt, schon waren 9000 Celtiberier zu ihm gestossen und es war die feindliche Linie am Ebro bedroht, als Scipio, während er selber seine beobachtende Stellung gegen Hasdrubal, des Gisgo Sohn, im Westen behauptete, den Silanus mit auserlesener Mannschaft gegen Hanno schickte, welcher die Richtung seines Marsches sorgfältig verbergend, den Feind in tiefer Sicherheit überraschte, die celtiberischen Söldner grösstentheils niederhieb, das karthagische Heer versprengte und eine grosse Anzahl mit dem Befehlshaber Hanno gefangen nahm, so dass nur Mago mit den Reitern entkam, und sich nach Gades zurückzog, wohin ihm Hasdrubal folgte, und sein Heer in die festen Plätze verlegte, um den Scipio zu nöthigen, seine Streitkräfte zu theilen. Dieser hingegen begnügte sich, den Schlüssel der feindlichen Stellung, die feste und reiche Stadt Oringis in Bastetanien, von wo aus Hasdrubal die Völker des Mittellandes zu beunruhigen pflegte, durch seinen Bruder Lucius erstürmen zu lassen, während er selber mit dem Haupttheer nach Tarraco in die Winterquartiere zog. Trotz der grossen Anstrengun-

---

τῷ Σκιπίωνι παρεῖχεν, ὥστε μὴ τὸν Ἀσδρούβαν ἐπιδιῶξαι — ἐδεδίει μή τισιν αὐτῶν πρεσμίξας εἰς ἓν ἅπαντας συναγάγῃ, ἀλλήλοις ἐπικουρήσοντας. Uebrigens hatte Hasdrubal, um jede Verfolgung unmöglich zu machen, sich nach Norden gewendet. Appian. Hisp. c. 28 ὁ δὲ, ἵνα λάθοι τὸν Σκιπίωνα παρὰ τὸν Βόρειον ὠκεανὸν τὴν Πυρήνην ἐς Γαλάτας ὑπερέβαινε. — Sonst weiss Appian auch noch zu berichten, dass Scipio mit einer grossen Flotte nach Italien zurückgekehrt sei und dass er triumphirt habe, Hispan. c. 38, welche Angaben als im Widerspruch mit dem bekannten Zeugniss des Livius keine Berücksichtigung verdienen.

gen der Karthager war der Feldzug ohne Erfolg, während die Römer immer mehr festen Fuss in Spanien fassten und der Ausgang kaum noch zweifelhaft war.[1]

Da endlich erkannte der karthagische Feldherr, dass ohne eine Hauptschlacht das Land nicht behauptet werden könnte und traf daher während des Winters die Vorbereitungen, um im nächsten Frühjahr den Feldzug mit dem grössten Nachdrucke zu eröffnen. Daher Hasdrubal, des Gisgo Sohn, in Verbindung mit Mago, dem Bruder Hannibals, mit einem Heere von 70,000 Mann Fussvolk und 4000 Reitern im Felde erschien und eine Stellung westlich von Baecula, bei der Stadt Silpia[2] zwischen Corduba und Hispalis nahm. Diesen bedeutenden Streitkräften gegenüber hatte Scipio nur ein Heer von 45,000 Mann Fussvolk und 3000 Reitern, welches noch überdiess grösstentheils aus Bundesgenossen bestand. Da aber sein Vater und Oheim zu ihrem Verderben erfahren hatten, wie wenig auf die Spanier zu zählen war, so musste sein ganzes Streben darauf gerichtet sein, die eigentliche Entscheidung nicht in ihre Hände zu legen. Denn wie gefährlich die feindliche Uebermacht war, erfuhr er sogleich, als er in die unmittelbare Nähe des Feindes gekommen war. Während er mit der Absteckung des Lagers beschäftigt war, überfielen Mago und Masinissa mit der gesammten Reiterei sein Heer mit solchem Ungestüm, dass, wenn nicht der römische Feldherr in Voraussicht eines möglichen Ueberfalls besondere Abtheilungen bereit gehalten

---

[1] Polyb. XI, 20—24. Liv. XXVIII, 1—4. Appian. Hisp. 28, 31. Zonar. 9, 8. Frontin. Strat. 1, 3, 5. Die Unternehmung des Silanus fällt noch in das Jahr 208, wie auch Zonaras andeutet p. 222. Ed. Bon,

[2] Bei Polyb. XI, 20 *Ilipa*. App. Hisp. c. 25 nennt *Karmon*.

hätte, er der Heftigkeit des feindlichen Angriffs kaum hätte widerstehen können.

Seitdem fanden täglich Reitergefechte statt, mit abwechselndem Erfolg. Jeden Tag rückten die Heere der beiden Gegner, zuerst die Karthager, dann die Römer, aus, aber keiner von beiden wagte den Angriff. Die Aufstellung war bei beiden Theilen fast dieselbe. Das Mitteltreffen bildeten hier die Römer, dort die Karthager und Afrikaner, auf den Flügeln waren auf beiden Seiten die Bundesgenossen. Da sich diess während mehrerer Tage immer gleich blieb und es als angenommen galt, dass die Bundesgenossen auf den Flügeln die eigentlichen Gegner, Römer und Karthager einander im Mittelpunkt gegenüberständen, machte Scipio für den Tag, den er für die Schlacht bestimmt hatte, folgende Abänderungen. Noch am Abend liess er den Befehl ausgeben, dass vor Tagesanbruch Männer und Rosse zum Kampfe bereit sein sollten. Darauf befahl er den Leichtbewaffneten mit der Reiterei auszurücken, gegen das feindliche Lager zu ziehen und zu scharmuzieren. Er selbst folgte gegen Sonnenaufgang mit dem Gewalthaufen, veränderte jedoch die Aufstellung in der Art, dass er die Römer auf den Flügeln vertheilte und die Bundesgenossen in die Mitte nahm. Dadurch erreichte er folgendes: Erstens dass die Karthager, so früh überfallen, keine Zeit behielten, sich durch Speise und Trank für den Kampf zu stärken; zweitens dass sie überhaupt wegen des plötzlichen Ueberfalls alle Bewegungen in der Hast ausführten, und ohne auf die Aufstellung des Feindes zu achten, nur schnell in der bisher üblichen Art ihre Schlachtordnung bildeten. Daher Scipio mit dem Kern seines Heeres auf den Flügeln den spanischen Söldnern entschieden überlegen war, die er überdiess durch Ausdehnung des linken und des rechten Flügels mit Umgehung bedrohte; während das Mitteltreffen absichtlich

lich zurückstand und mit einem Angriff eher drohte als ihn ausführte. Dadurch wurden die Karthager und Afrikaner verhindert, ihren bedrängten Flügeln zu Hülfe zu eilen und da ohnedem Hunger und Sonnenhitze ihnen zusetzte, für jeden kräftigen Widerstand untauglich gemacht. So wurden sie, als die Flügel geschlagen und ihre Flanke bedroht war, mit leichter Mühe geworfen, und sie wären bei der regellosen Flucht nach dem Lager vernichtet worden, wenn nicht plötzlich ein furchtbares Ungewitter selbst die Sieger von weiterer Verfolgung des Feindes abgehalten hätte. Dennoch aber war der feindliche Feldherr durch den unglücklichen Ausgang des Treffens so erschüttert, dass er in der nächsten Nacht ganz in der Stille den Rückzug antrat, und von der feindlichen Reiterei bedroht, sein Heer im Stiche liess und sich nach Gades einschiffte.[1] Worauf Scipio 10,000 Mann unter Silanus dem flüchtigen Feinde nachsandte, und selber den Rückmarsch nach Tarraco antrat. Langsam durchzog er das Land, um allen Staaten, Städten und Völkern nach Verdienst Strafe und Belohnung angedeihen zu lassen, und dem römischen Volke den bleibenden Besitz des Landes zu sichern. Diess Ziel war durch die letzte Schlacht so nahe gerückt, dass der Numiderfürst, Masinissa, an dem Glück Karthagos verzweifelnd, bald darauf mit Silanus in geheime Unterhandlungen trat, was für eine künftige Landung der Römer in Afrika von der grössten Wichtigkeit war.

Denn während Andere in der Besiegung der Karthager und in der Vertreibung aus Spanien das Ziel ihrer

---

[1] Liv. XXVIII, 13—16. Polyb. XI, 24. Appian. Hisp. 26, 27 stellt den Verlauf wesentlich verschieden dar, aber bei der Uebereinstimmung des Polyb. und Livius ist seine Aussage von keinem Gewicht. Zonaras ist ganz kurz p. 223.

Wünsche fanden, war diess Alles dem Scipio nur Vorbereitung für einen grössern Plan, die Niederkämpfung der Karthager im eignen Lande. Denn das war der glühendste Wunsch seiner stolzen Seele, den Uebermuth des reichen Handelsvolkes zu demüthigen und ihren Trotz zu brechen. Daher war sein Sinn schon jetzt auf die weite Ferne und nach Afrika gerichtet. In dieser Ueberzeuzeugung hatte er, nicht befriedigt durch die Aussicht auf ein Bündniss mit dem Numiderfürsten Masinissa, seinen vertrauten Freund, den Cajus Lælius mit Geschenken an den Syphax geschickt, den König dee Masalsyler, damals den mächtigsten Herrscher in Afrika, dessen Reich die Gränzen der Karthager wie der Mauern berührte. Er war dazu um so mehr berechtigt, weil schon vier Jahre früher[1]) Syphax Gesandte nach Rom geschickt hatte, um sich um die Freundschaft des römischen Volkes zu bewerben, wie denn auch damals der Senat die Gesandtschaft erwiedert und den König durch Geschenke geehrt hatte. Unterdessen hatten allerdings die Karthager den König auf ihre Seite zu bringen gesucht und ihre Bemühungen waren nicht ohne Erfolg gewesen. Aber Scipio baute auf den Wankelmuth der Barbaren und er täuschte sich nicht. Lælius wurde mit seinen Geschenken freundlich aufgenommen, und da die Angelegenheiten der Römer in Italien und Spanien so günstig standen, erklärte er sich zur Abschliessung eines Vertrages bereit, wollte aber die Vollmachten nur mit Scipio selber austauschen. Das Begehren des Barbaren konnte als roher Uebermuth gedeutet werden, aber die Wichtigkeit der Sache und eine innere Stimme liessen den Scipio kein Opfer zu gross erscheinen. Er vertraute den Oberbefehl über das Heer dem Cajus Marcius in Tarraco, dem Silanus in Neu-Karthago, schiffte

---

[1]) Liv. 27, 4.

sich mit dem Lælius auf zwei Fünfruderern ein und setzte bei ruhiger See und einem leichten Winde nach Afrika über. Zufällig traf es sich, dass der aus Spanien vertriebene Hasdrubal gerade mit sieben Dreiruderern in den Hafen von Siga eingelaufen war, als die beiden römischen Fünfruderer in Sicht kamen, und alsbald als feindliche Fahrzeuge erkannt wurden, so dass sie leicht durch die Uebermacht der Feinde hätten in Grund gebohrt werden können. Aber da sich gerade in diesem Augenblick der Wind stärker erhob, so fuhren die Fünfruderer mit vollen Segeln in den Hafen ein, ehe noch die Karthager die Anker gelichtet hatten. Auf königlichem Grund und Boden waren sie, wie sich von selbst versteht, unverletzlich, und so gelangten sie unter dem Schutze des Völkerrechts ziemlich zu der gleichen Zeit mit den Karthagern am Hofe des Königs Syphax in Cirta an.

Der Stolz des Königs mochte sich nicht wenig geschmeichelt fühlen, dass zwei der berühmtesten Feldherrn von den mächtigsten Völkern der Erde sich gleichzeitig um seine Freundschaft bewarben. Daher machte er den Versuch, eine Aussöhnung zwischen beiden zu bewirken, welches Scipio einfach ablehnte, weil er persönlich keine Feindschaft gegen Hamilcar hege, über Staatsangelegenheiten aber ohne Vollmacht des Senats mit einem Feinde nicht unterhandeln könnte. Doch weigerte er sich nicht an der Tafel des Königs mit dem Hasdrubal zu erscheinen. Hier zeigte Scipio eine solche Gewandtheit, so viel geistige Ueberlegenheit und persönliche Liebenswürdigkeit, dass er nicht nur den Syphax, sondern auch den Hasdrubal so ganz für sich einzunehmen wusste, dass letzterer sich selbst gestand, Scipio erscheine bei persönlicher Zusammenkunft noch viel gefährlicher als in der Schlacht, und er bezweifelte nicht, dass Syphax schon ganz in der Gewalt der Römer sei. Einen solchen Zauber übe Scipio auf alle aus, die sich ihm näherten. Die Karthager dürften nicht mehr fragen, wie sie Spanien verloren hätten, sondern sie sollten daran denken, wie sie Afrika behaupteten. Nicht um die anmuthigen Küsten des Mittelmeeres zu bereisen, habe ein solcher Feldherr eine neu erworbene Provinz und sein Heer verlassen und mit zwei Schiffen sich in Feindes Land begeben und der unzuverlässigen Treue eines fremden Fürsten sich anvertraut, sondern weil er die gegründete Hoffnung hege, sich Afrika's zu bemächtigen.

Scipio, nachdem er ein Bündniss mit Syphax abgeschlossen, schiffte sich wieder ein, und vier Tage durch die Stürme auf dem Meer herumgetrieben, lief er endlich wieder in dem Hafen von Neu-Karthago ein.[1])

Zunächst beschloss er dann diejenigen Massregeln zur Ausführung zu bringen, welche geeignet waren, dem römischen Volke den bleibenden Besitz von Spanien zu sichern. Dahin gehörte vor Allem die Bestrafung der Empörer von Castulo und Illiturgi, welche nach dem Tode der beiden Scipionen die dahin geflohenen Römer treulos ermordet hatten; ferner die Bezwingung einiger entlegener Völkerschaften, welche durch fortwährende Feindseligkeiten die Römer vielfach geschädigt und den Feldherrn erbittert hatten. Die Illiturgitaner, ihrer Schuld sich bewusst, und ohne Hoffnung auf Begnadigung, gedachten ihre Stadt aufs Aeusserste zu vertheidigen und ihr Leben so theuer wie möglich zu verkaufen. Daher leisteten sie einen so hartnäckigen Widerstand, dass die Sieger von ganz Spanien vor der rasenden Verzweiflung zurückwichen. Männer, Frauen und Kinder wetteiferten in Todesverachtung; die einen kämpften auf den Mauern, die andern wälzten Fel-

---

[1]) Polyb. XI, 24; p. 715 Ed. Bekk. Liv. XXVIII, 17. 18. Appian. Hisp. 29, 30. Zonar. IX, 20.

senstücke auf die Stürmenden, die Kinder schleppten
Wurfspiesse und Lebensmittel herbei. Alle zum Tode entschlossen, hatten keine andere Hoffnung, als ihre Mörder
mit sich in den Abgrund des Verderbens zu reissen. Daher
Furcht und Entsetzen über das römische Heer kam, bis
endlich Scipio selber die Sturmleiter bestieg, um den Seinen den Weg in die Stadt zu öffnen. Das wirkte. Mit
dem Geschrei: »Der Feldherr ist in Gefahr!« stürmten
Alle die Verschanzungen; die Mauern wurden erstiegen,
die Burg genommen und Alles niedergemacht. Ohne Unterschied des Alters und des Geschlechts fielen die Einwohner unter der Schärfe des Schwertes; die Stadt selbst
wurde durch Feuer zerstört. Castulo entgieng nur durch
Verrath einem ähnlichen Schicksal.[1]) Unterdessen setzte
Lucius Marcius, Scipio's Legat, den Krieg gegen die Staaten südlich von Bætis[2]) (Guadalquivir) fort. Unter den
Völkern, welche immer treu zu den Karthagern gehalten
hatten, zeichnete sich vorzüglich die Stadt Astapa aus.[3])
Die Bürger hatten ihren wüthenden Hass gegen die Römer
nie verläugnet, sondern im Gegentheil jede Gelegenheit
begierig ergriffen, denselben zu befriedigen. Diess war
um so auffallender, weil ihre Stadt weder durch ihre natürliche Lage, noch durch Verschanzungen hinlänglich
gesichert war, so dass sie Ungestraftheit ihrer Vergebungen hätten hoffen können. Verwegen und raublustig machten die Einwohner unaufhörliche Einfälle in das Gebiet der
benachbarten römischen Bundesgenossen und plünderten

---

[1]) Liv. XXVIII, 19. 20. App. Hisp. 32. Zonar. IX, 10.

[2]) Bætis hiess nach Livius bei den Eingebornen *Certis*,
nach Steph. Byzant. Πέρχης, nach Strabo III, 11 p. 144 *Ταρτησσός*.

[3]) Jetzt Estapa, südlich von Astigi, welche in der Periocha Gisia heisst.

versprengte Soldaten, Krämer und Kaufleute. Sie hatten sogar eine grosse Caravane, welche durch ihr Gebiet zog, hinterlistig überfallen, die Waaren geplündert und die ganze Bedeckung ermordet. Wie sie daher von dem Herannahen des römischen Heeres Nachricht erhielten, trat Allen das Bewusstsein ihrer Schuld lebendig vor die Seele und da die Stadt durchaus keine Sicherheit bot und jede Hoffnung auf Widerstand eitel war, so fassten sie einen Entschluss der Verzweiflung. Als das römische Heer im Angesicht der Stadt erschien, öffneten sich plötzlich die Thore und Alle, welche die Waffen tragen konnten, stürzten mit furchtbarem Gebrüll heraus und warfen sich mit wilder Wuth auf den Feind. Die schwachen Vorposten wurden schnell überwältigt, da man sich keines Ausfalles versehen hatte; schnell wurden einige Reitergeschwader und leichtes Fussvolk den Wüthenden entgegengestellt, aber auch diese wurden in die Flucht geschlagen und schon wurde unmittelbar unter dem Wall des Lagers gestritten, als endlich die Legionen in voller Schlachtordnung und in fest geschlossenen Gliedern anrückten. Auch hier entstand eine augenblickliche Verwirrung, da die Barbaren wie vom bösen Geist getrieben, sich blindlings in die Spiesse und Schwerter stürzten, bis die Veteranen im Sturmschritt die ersten Glieder der Angreifer niederwarfen, und da sie auch da noch wie Verzweifelte sich wehrten, plötzlich die Glieder öffneten, sie in die Mitte nahmen, von allen Seiten umzingelten und bis auf den lezten Mann niederhieben. War schon dieses Gemetzel entsetzlich, so erwartete sie ein weit grässlicheres Schauspiel in der Stadt. Dort auf dem Markt hatten die Bürger all' ihre Kostbarkeiten, Gold, Silber, kostbare Stoffe und den Raub so vieler Jahre auf einen grossen Haufen zusammengetragen; eben dahin ihre Frauen und Kinder gebracht einen mächtigen Holzstoss errichtet und das Ganze mit brennbaren Stoffen und Reisigwellen ringsum umgeben. Daneben standen fünfzig Jünglinge, durch einen furchtbaren Eid verpflichtet, so lange der Kampf unentschieden wäre, hier gewissenhaft Wache zu halten; sobald aber das Glück sich neigte und die Eroberung der Stadt unvermeidlich wäre, Niemanden zu schonen und mit Feuer und Schwert alles zu verderben. Diese, wie die römischen Drommeten und Harsthörner in der Stadt ertönten und näher und näher das Siegesgeschrei drang, stürzten sich mit den Schwertern auf die unglücklichen Schlachtopfer, die heulenden Frauen und Kinder, stiessen Alles nieder und warfen die noch athmenden Leiber der Gemordeten in die emporlodernden Scheiterhaufen, worauf sie sich selber in die Flammen stürzten und einen freiwilligen Tod starben. Es war ein furchtbarer Anblick für den Feind, die Ströme von Blut, das wogende Flammenmeer, die aufsteigenden Rauchsäulen, das Aechzen und Stöhnen der Sterbenden, das Wuthgeschrei und die Verwünschungen der Mordenden. Eine Zeitlang standen die Römer wie gelähmt und starrten unbeweglich nach dem Schauplatz der Zerstörung, bald erwachte die Habsucht und sie eilten so viel als möglich aus den Flammen zu retten. Daher viele nach dem Scheiterhaufen stürzten, andere durch die Nachdrängenden in die Flammen gestossen wurden und in dem Rauch und Qualm erstickten. So wüthete die Flamme gegen Sieger wie gegen Besiegte. Von der reichen Beute wurde nichts gerettet.[1]

Mit diesem blutigen Drama war der Widerstand der Völker Spaniens gebrochen, der Tod der beiden Scipionen gesühnt, die Vertreibung der Karthager aus der Halbinsel vollendet und die Begründung der römischen Herrschaft

---

[1] Liv. XXVIII, 22. 23. Appian. Hisp. c. 33.

erreicht. Daher begab sich der Feldherr jetzt nach Neu-Karthago, um den Göttern seinen Dank darzubringen und die Gelübde zu lösen, wodurch er sich für die Durchführung seiner Pläne verpflichtet hatte.

Deshalb wurden grosse Waffenspiele angestellt, welche die ritterliche Tapferkeit der Spanier zum wirklichen Turniere machten. Denn nicht aus dem gewönlichen Schlage von Menschen, welche bei solchen Veranlassungen auftreten und für Lohn ihr Leben in die Schanze schlagen, wurden die Kämpfer genommen, sondern es traten lauter Freiwillige auf, Fürsten, Ritter, Edele, welche entweder kamen, um die angestammte Tapferkeit und ihre Gewandtheit im Kampfspiel zu zeigen, oder welche persönlicher Ehrgeiz trieb, andere herauszufordern oder einer Herausforderung zu folgen; wieder andere kamen, um dem römischen Feldherrn durch ihre Gegenwart und Theilnahme an den Waffenspielen zu ehren. Zwei Fürsten hatten sogar auf diesen Tag einen feierlichen Zweikampf angesetzt, um im Kampfe auf Leben und Tod den Streit über die Thronfolge zu entscheiden. Vergebens dass Scipio die feindlichen Vettern zu einem Vergleich zu bestimmen und durch einen Richtspruch den Hass zu sühnen bemüht war, sie wollten nur den Gott der Schlachten als Kampfrichter erkennen, und über die blutige Leiche seines nächsten Verwandten schritt der Sieger zum Throne.[1])

Durch dieses eigenthümliche Siegesfest schien die thatenreiche Laufbahn des Feldherrn in Spanien geschlossen und er durfte an die Rückkehr in die Heimath denken, als in Folge der ungeheuren Anstrengung während vier Jahren die Erschütterung seiner Gesundheit ihn auf

---

[1]) Liv. XXVIII, 22. Zon. IX, 10. Val. Max. IX, 11 ent. 1. Sil. Ital. XVI, 534.

das Krankenlager warf. Schnell trug des Gerücht die neue Kunde durch ganz Spanien, die Gedemüthigten empfanden Befriedigung, die Verdächtigen dachten an Abfall, selbst das eigene Heer sah eine dadurch nothwendige Waffenruhe nicht ungern und es lockerten sich die Banden des Gehorsams. Wie es nun in der Menschen Art liegt, äusserte sich die Theilnahme zunächst in der Vergrösserung des Uebels, und man suchte sich zu überreden, dass der Feldherr schwerlich den Oberbefehl würde wieder übernehmen können. Zuerst die Fürsten Mandonius und Indibilis, welche nach Besiegung und Vertreibung der Karthager die Erben ihrer Macht und ihres Einflusses zu werden gehofft hatten, suchten ihre schwere Täuschung durch Treulosigkeit zu rächen, und fielen verheerend in das Land der römischen Bundesgenossen am Ebro ein. Aber auch bei einer Abtheilung des römischen Heeres, welche 10,000 Mann stark im Lager von Sucro unter dem Befehl des Marcius stand, hatte sich der Geist der Unzufriedenheit und der Meuterei verbreitet. Sie hatten lange müssig im Lager gestanden, um die Grenze zu hüten, und der Mangel an Beschäftigung wie das Verlangen nach der Rückkehr in die Heimath hatten allerlei Aeusserungen der Unzufriedenheit hervorgerufen. »Wenn noch Krieg wäre, warum sie nicht gegen den Feind zögen? wenn aber kein Feind mehr zu bekämpfen wäre, warum sie nicht nach Italien eingeschifft würden?« Auch die Auszahlung des Soldes hatte sich verzögert und sie stiessen Schmähreden gegen die Hauptleute aus, wenn sie bei den Wachen die Runde machten; sie unternahmen nächtliche Streifereien in den benachbarten Ländereien der Bundesgenossen und verliessen endlich am hellen Tage die Fahnen ohne Urlaub. Alles geschah nach Laune und Willkühr des Kriegsvolks, nichts nach der Ordnung oder den Gesetzen der Kriegszucht gemäss, oder auf den Befehl der Hauptleute.

Das äussere Ansehen eines römischen Lagers bestand in sofern, als sie den Kriegsobersten, von den sie die Theilnahme am Abfall voraussetzten, noch auf den Richtplätzen die Gerechtigkeit handhaben liessen, die Losung von ihnen begehrten und der Ordnung gemäss, Posten und Wachen bezogen, und während die Kraft des Oberbefehls gebrochen war, den Schein des Gehorsams bewahrten. Der Aufstand brach erst aus, als sie einsahen, dass die Kriegsobersten ihr Benehmen tadelten und missbilligten, ihnen entgegentraten und ganz öffentlich ihren Abscheu gegen ihr wahnsinniges Beginnen äusserten. Da verjagten sie dieselben und übertrugen den Oberbefehl zwei gemeinen Soldaten, den Cajus Albius von Cales und den Cajus Atrius aus Umbrien, den eigentlichen Anstiftern des Aufruhrs, welche keineswegs mit dem Schmucke der Kriegsobersten zufrieden, auch die Abzeichen des Oberbefehls, Ruthenbündel und Beile, sich anzumassen wagten, und es kam ihnen nicht in den Sinn, dass diese Ruthen ihre Rücken, die Beile ihren Nacken bedrohten. So sehr verblendete sie der Glaube an Scipio's Tod, der, wie sie nicht zweifelten, die Kriegsflamme in ganz Spanien entzünden würde. Bei dieser Verwirrung könnten die Bundesgenossen gebrandschatzt, die benachbarten Städte geplündert werden, und bei der allgemeinen Verwirrung, wo Allen alles erlaubt wäre, würde das, was sie selber wagten, unbemerkt bleiben.

Während sie nun immer neuen Nachrichten entgegensahen, nicht nur über den Tod, sondern auch über die Beerdigung Scipio's, aber immer Niemand kam, und das leichtsinnig verbreitete Gerücht allmählig sich verlor, da fieng man an nach den ersten Urhebern zu forschen, und da jeder sich ausredete, um eine so wichtige Sache eher leichtsinnig geglaubt als freventlich erdichtet zu haben, wurden die Anstifter allmählich verlassen, und fiengen an vor ihren eigenen Auszeichnungen ein Grauen zu empfinden, und statt des Schattenbildes von Macht, das sie besassen, bald die wahre und wirkliche Gewalt gegen sich zu fürchten. Während so der Aufstand ins Stocken gerieth und zuverlässige Boten nicht nur das Leben, sondern auch die Gesundheit des Scipio bezeugten, kehrten sieben Kriegsobersten zurück, welche Scipio selber zu diesem Behufe geschickt hatte. Diess erbitterte anfangs; hernach aber, da sie mit freundlicher Ansprache ihre Bekannten beruhigten, mit denen sie etwa zusammentrafen, wurden die Gemüther milder gestimmt. Sie giengen zuerst in den Zelten umher, dann zeigten sie sich auf den öffentlichen Plätzen und im Hauptquartiere, wo sie die Leute bei einander stehen oder im Gespräche sahen, traten zu ihnen hin und fragten mehr, was die Ursache ihres plötzlichen Zornes und ihrer Verstimmung gewesen wäre, als dass sie darüber schalten. Gewöhnlich erhielten sie die Antwort, dass ihnen der Sold nicht auf den Tag ausgezahlt worden sei, und dass zwar die Ilergeten den Lohn für ihre Treulosigkeit, sie selbst aber, die nach zwei Niederlagen die Provinz gerettet, nach so vielen Jahren noch keine Belohnung erhalten hätten. Diese Forderung fanden die Obersten billig und sie würden dem Feldherrn darüber berichten. Sie freuten sich, dass nichts Aergeres die Ursache sei; Publius Scipio und das gemeine Wesen seien durch die Huld der Götter im Stande sich dankbar zu beweisen.

Scipio, mehr vertraut mit Krieg und Schlachten, als mit Empörung und Aufruhr, hatte nur die einzige Sorge, dass er entweder das Maass der Strenge überschreiten oder dass das Heer jede Verzeihung verwirken möchte, suchte zuerst die Zahlung des Soldes zu ermöglichen und gedachte anfangs ganz milde aufzutreten. Er liess ein Ausschreiben ergehen, das Kriegsvolk sollte zur Zahlung des Soldes nach Neu-Karthago kommen, einzeln oder alle zusammen, wie sie lieber wollen. Dadurch wurde die ohnedem schon im Absterben begriffene Empörung völlig lahm gelegt, zumal alle spanischen Völker auf die Nachricht, dass Scipio lebe, zum Gehorsam zurückkehrten. Jetzt gab es weder Bürger noch Ausländer, mit denen die Empörer gemeine Sache machen konnten, und so blieb ihnen nichts übrig, als zu Kreuz zu kriechen und die gerechte Strafe zu erwarten, oder der oft erprobten Milde des Feldherrn zu vertrauen. So beschlossen sie denn, alle zusammen nach Neu-Karthago zu gehen, um den Sold in Empfang zu nehmen.

Zu gleicher Zeit war der Kriegsrath in Neu-Karthago versammelt, um über das Schicksal der Empörer zu entscheiden. Die Frage war, ob die Strafe nur die Rädelsführer treffen sollte, deren Zahl 35 war, oder ob Alle für einen so schmählichen Abfall büssen sollten. Der Weg der Milde erhielt die Mehrheit. Nach Aufhebung der Versammlung ergieng der Befehl, gleich als ob das der Gegenstand der Berathung gewesen wäre, die Besatzung von Neu-Karthago sollte sich zum Aufbruch gegen die abtrünnigen Spanier, Mandonius und Indibilis bereit halten. Die sieben Kriegsobersten aber, die schon oben erwähnt wurden, erhielten den Befehl, den Aufrührern entgegen zu gehen, und durch geeignete Leute immer je fünfe der Rädelsführer in besondere Quartiere einzuladen, wo sie denn durch reichlichen Weingenuss eingeschläfert und in Fesseln geschlagen werden sollten. Die übrigen vernahmen mit grosser Befriedigung, dass das in Karthago stehende Heer am folgenden Morgen ausrücken würde, und dass bereits die Vorkehrungen zum Aufbruch getroffen würden; sie würden dann, so meinten sie, den Feldherrn allein in ihrer Gewalt haben. Darin wurden sie bestärkt durch die Aussage, dass der Feldherr sehr froh über ihre Ankunft sei;

weil das andere Heer abmarschiere. Um die vierte Nachtwache setzte sich wirklich der Zug des Gepäcks in Bewegung, später rückte auch das Heer aus, aber machte an den Thoren Halt und besetzte alle Ausgänge, damit niemand aus der Stadt entkommen könne. Unterdessen zogen die Empörer ohne Waffen lärmend nach dem Sammelplatz, gleichsam um durch wildes Brüllen die Angst ihres Herzens zu übertäuben. Da plötzlich vernahmen sie, wie von allen Thoren in ihrem Rücken das andere Heer heranrückte und durch Schlagen der Schwerter an die Schilde seine Gegenwart kundthat. Zugleich steigt der Feldherr in der vollen Kraft der Gesundheit langsam die Stiegen zu dem Richtplatz hinan, nimmt Platz auf dem Richterstuhle und blickt ruhig auf die versammelte Menge herab. Tiefe Stille trat ein, Schauer durchrieselte die Gebeine der Schuldigen und sie starrten wie gelähmt vor sich hin, als nach wenigen ernsten Worten des Feldherrn die Gefesselten von den Lictoren herbei geschleppt, das Schaffot aufgeschlagen und sämmtliche 35 mit Ruthen geschlagen und mit dem Beile hingerichtet wurden. Eben so schnell wurden die Leichname der Hingerichteten entfernt, die übrigen einzeln vorgefordert und nach Empfang der Löhnung aufs neue in Eid und Pflicht genommen und entlassen.[1]

Sehr zweckmässig um die tiefe Beschämung der Irregeleiteten und die gedrückte Stimmung des Heeres zu mildern, wurde nun wirklich der Heereszug gegen die abtrünnigen Fürsten Mandonius und Indibilis unternommen, gegen welche der Unwille und der Zorn durch Treulosigkeit verschuldet, und die Strafe nur zu gerecht war. Mit 20,000 Mann Fussvolk und 2500 Reiterei hatten sie im

---

[1] Liv. XXVIII, 24—30. Polyb. XI, 25—30. App. Hisp. c. 34. Zon. IX, 10.

Lande der Sedetaner Stellung genommen. Das römische Heer erreichte in zehn Märschen den Ebro und gelangte von da in vier Tagen an den Feind. Trotz der verzweifelten Gegenwehr der Feinde war der Sieg vollständig, aber blutig. Gefallen waren von den Römern 1000, verwundet über 3000. Scipio, zufrieden mit dem glänzenden Erfolg, verzieh grossmüthig den treulosen Fürsten, verlangte keine Geisseln; nicht einmal Ablieferung der Waffen begehrte er von dem Feinde, er überliess es ihrem eigenen Urtheil, ob sie die Römer lieber zu Freunden oder zu Feinden haben wollten. Nur die Kriegskosten mussten sie bezahlen.[1]) Dann, immer nur einen Zweck, die Landung in Afrika im Auge, zog er mit einer Abtheilung nach dem äussersten Westen, wohin er seinen Unterfeldherrn Marcius vorausgeschickt hatte, um wo möglich mündliche Rücksprache mit dem Masinissa zu nehmen, welcher schon längst eine persönliche Zusammenkunft mit Scipio gewünscht hatte. Hier behaupteten die Punier noch Gades, wo eine starke karthagische Besatzung lag, und als Anführer der Reiterei Masinissa stand. Dieser wusste durch das Vorgeben, dass die in der Festung eingeschlossenen Pferde unbrauchbar würden, den Befehlshaber zu bewegen, dass er ihm gestattete, Streifzüge in das Innere des Landes zu machen. Auf einem derselben verabredete er mit Scipio eine Zusammenkunft. Hatte schon vorher der Ruf der Thaten Scipio's den Numiderfürsten mit Bewunderung erfüllt und seine Grossmuth gegen seinen Neffen sein Herz gewonnen, so hat ihn die persönliche Gegenwart mit Verehrung erfüllt. Die hohe edle Gestalt, das herabwallende Haar, das Ebenmaass in seinem Gliederbau, die ächt männliche, kriegerische Haltung, ohne allen

---

[1]) Liv. XXVIII, 32—34. Polyb. XI, 3. App. Hisp. 37. Zon. IX, 10.

Prunk, endlich die nach der Krankheit wiederhergestellte Jugendfrische überraschte den Masinissa dergestalt, dass er kaum Worte des Dankes für die Zurücksendung seines Neffen fand. Endlich, nachdem er sich gesammelt, äusserte er, wie er sich schon lange nach diesem Augenblicke gesehnt, denn er wünsche ihm und dem römischen Volke einen Dienst zu erweisen, wie kein Fürst ihnen erwiesen habe. Dass sei ihm bisher in einem fremden Lande unmöglich gewesen, aber in seiner Heimath, wo er mit der Aussicht auf den Thron herangewachsen sei, werde er seinen Wunsch verwirklichen können. Wenn die Römer den Scipio nach Afrika schicken würden, so würde die Herrschaft der Karthager nur noch von kurzer Dauer sein. Scipio, der die Tüchtigkeit des Masinissa als Anführer der Reiterei vielfach erprobt hatte und durch seine persönliche Erscheinung sein günstiges Vorurtheil gerechtfertigt fand, freute sich dieser Zusammenkunft um so mehr, als er in der Ergebenheit des jungen Fürsten ein neues Unterpfand für das Gelingen seiner Pläne fand. So trennten sich beide Theile mit grosser Befriedigung.[1] Und diese Zusammenkunft bildete nun den Abschluss der fünfjährigen Führung des Oberbefehls. Denn Mago, der sich bisher noch in Gades behauptet hatte, war nicht nur durch die Belagerung der Römer von der Land- und Seeseite, sondern auch durch Verrätherei bedroht[2] und nach einem vergeblichen Versuche, einen neuen Aufstand am Bætis zu bewirken,[3] sah er sich am Ende seiner Laufbahn. Und obgleich es ihm gelang, die Anschläge der Verräther zu vereiteln, die Aufhebung der Belagerung zu bewirken und die Nachrichten vom Aufstand der Ilergeten neue Hoffnungen

---

[1] Liv. XXVIII. 35. App. Hisp. c. 37. Zon. IX, 11. Sil. Ital. XVI, 186.
[2] Liv. XXVIII. 23. — [3] Liv. XXVIII, 30.

bei ihm erweckt hatten, so erhielt er doch bald darauf von Karthago Befehl, mit der ganzen Flotte nach Italien zu steuern, und mit dem ihm geschickten Gelde so viel als möglich gallische und ligurische Söldner anzuwerben. Daher raffte er alles Geld zusammen, so viel er konnte, plünderte Tempel und Heiligthümer, erpresste von den Einzelnen Gold und Silber, und nach einem vergeblichen Angriffe auf Neu-Karthago verliess er endlich die spanische Küste und lief im Hafen von Genua ein. Jetzt war kein Feind mehr in Spanien zu bekämpfen; Gades unterwarf sich sofort nach dem Abzuge Mago's [1]) und jetzt durfte Scipio mit dem Bewusstsein zurückkehren, das ganze Land theils durch Bündnisse und Verträge den Römern gesichert, theils denselben zinsbar gemacht zu haben; daher übergab er den Befehl über das zurückgekehrte Heer den Proconsuln Lucius Lentulus und L. Manlius Acidinus [2]) kehrte mit zehn Schiffen nach Italien zurück und stattete dem Senat im Tempel der Bellona Bericht über seine Thaten ab, wie viele Schlachten er dem Feinde geliefert, wie viel Städte er mit Sturm erobert, und wie viele Völker er unter die Botmässigkeit der Römer gebracht hatte. Gegen vier karthagische Feldherrn und gegen vier siegreiche Heere sei er ausgezogen und habe keinen Feind dort zurückgelassen. Daher hätte er billig einen Triumph fordern können, wenn er den Oberbefehl nach Verwaltung der Prætur oder des Consulats geführt hätte; da er aber blos als ausserordentlicher Befehlshaber nach Spanien geschickt worden war, so erkannte er selber das Verfassungswidrige eines solchen Begehrens und so zog er mit den reichen Schätzen, die er erbeutet, zu Fuss in die Stadt ein und

---

[1]) Liv. XXVIII, 36. 38. cfr. c. 30. 31.
[2]) Liv. XXVIII, 38.

lieferte 14,350 Pfund Silber und eine ungeheure Summe geprägten Silbers in den öffentlichen Schatz ab.[1])

Es bleibt zweifelhaft, ob die Rückkehr Scipio's ganz freiwillig gewesen, und ob er nicht vielmehr eine Verlängerung seines Oberbefehls und einen Beschluss des Senats erwartet habe, nach welchem er mit dem Heere sofort nach Afrika übersetzen und die Karthager im eigenen Lande bekriegen solle. Die grossen Erfolge, die er errungen, die Ergebenheit seines Heeres, die Zweckmässigkeit einer unmittelbaren Uebertragung des Kriegs in Feindes Land, endlich die Unbestimmtheit der Dauer seines Oberbefehls in Spanien lassen eine solche Voraussetzung als nicht unbegründet erscheinen.[2]) Gewiss ist es, dass ihm diese Gedanken beschäftigt hatten; die Bündnisse mit den numidischen Fürsten hatten keinen andern Zweck, als den Erfolg einer Landung in Afrika zu sichern und, was andern als das letzte Ziel erschien, die Vertreibung der Karthager aus Spanien, das war für ihn nur Vorbereitung für einen grössern Plan.[3]) Aber zu Rom herrschte eine

---

[1]) Liv. 38, 38. Polyb. XI, 33, 7.

[2]) Zon. IX, 10: ὁ δὲ Σκιπίων, μέχρις ἂν πάντα τὰ ἐν τῇ Ἰβηρίᾳ καταστήσῃ, ἄρχειν τῶν ἐκεῖ προςετάχθη. Liv. XXVII, 7: Non in annum Scipioni Silanoque sed donec revocati ab senatu forent, prorogatum imperium. Liv. XXVII, 22: Et P. Scipioni et M. Silano suæ Hispaniæ suique exercitus in annum decreti.

[3]) Magnum in omnia momentum adfectanti res erat Africæ Liv. XXVIII, 17, 10. Jam Africam magnamque Carthaginem et in suum decus nomenque velut consummatam ejus belli gloriam spectabat Liv. XXVIII, 19. Unus qui gesserat, inexplebilis virtutis veræque laudis, parvum instar eorum quæ spe et magnitudine animi concepisset, receptas Hispanias putabat Liv. XXVIII, 17, 3. Πάντων εὐδαιμονιζόντων τὸν Πόπλιον — μακα-

andere Ansicht der Dinge. Erstens erwachte der Neid, dem in republikanischen Staaten kein grosser Mann entgeht.[1]) Es gab Andere, welche für die Freiheit fürchteten, wenn ein junger, ehrgeiziger Mann allzulange in dem Besitze einer so umfassenden Gewalt bliebe, und, wie es scheint, würde Polybius nicht mit so grossem Aufwand von Worten Scipio's Edelmuth bei Ablehnung des königlichen Namens, mit dem ihn die Spanier wiederholt begrüssten, gepriesen haben, wenn er nicht die Möglichkeit der Annahme sich gedacht hätte.[2])

Selten hatte sich das Volk zu einer Consulwahl so zahlreich in Rom versammelt, als im Monat März des Jahres 205 n. Chr. Nicht nur alle, welche den Scipio zum Consul wünschten, waren von Nah und Fern herbeigeströmt, sondern auch eine grosse Zahl derjenigen, welche den sieggekrönten Eroberer von Spanien von Angesicht zu Angesicht sehen wollten. Sie alle waren von der frohen

---

ρίζειν αὐτοὺς ἔφη, διότι τοιαύτας ἔχουσι τὰς ἐλπίδας, αὐτὸς δὲ νῦν καὶ μάλιστα βουλεύεσθαι τίνα τρόπον ἄρξηται τόν πρὸς Καρχηδονίους πολέμου Polyb. XI, 24a p. 714. Ed. Bekk.

[1]) Σκιπίων δὲ πάντα τὰ ἐντὸς τοῦ Πυρηναίου τὰ μὲν βίᾳ τὰ δὲ ὁμολογίᾳ προσποιησάμενος, ἐς τὴν Λιβύην στείλασθαι ἡτοιμάζετο, ὥσπερ οἱ ἔφειτο Diod. ἠφίετο Bekk. καὶ γὰρ τοῦτο καίτοι πολλῶν ἀντιλεγόντων ἐπετράπη τότε, καὶ τῷ Σύφακι συγγένεσθαι ἐκελεύσθη. Dio Cass. fragm. p. 103. Ed. Dindorf.: οἱ δὲ ἐν τῇ Ρώμῃ τὰ μὲν φθόνῳ τῶν κατορθωμάτων αὐτοῦ, τὸ δὲ φόβῳ μὴ ὑπερφρονήσας τυραννίσῃ, ἀνεκαλέσαντο αὐτόν. δύο τῶν στρατηγῶν διαδόχους αὐτῷ πέμψαντες Zonar. IX, 11 p. 231 Ed. Bonn. — ὅτι μείζων τῆς κοινῆς ἀσφαλείας ἐγεγόνει — ὅπως μὴ ἑαυτοῖς τύραννον αὐθαίρετον ἐπασκήσωσι ἐσκόπουν.

[2]) Polyb. X, 6, 4—9.

Ahnung erfüllt, dass er vom Schicksal bestimmt sei, den verderblichen Krieg, der Italien seit 14 Jahren verheerte, zu Ende zu führen. Daher war auch die allgemeine Stimme, dass er nicht nur zum Consul erwählt werden müsse, sondern dass er auch mit einem Heere nach Afrika übersetzen und die Karthager demüthigen solle. Indessen im Senat waren die Stimmen sehr getheilt. Viele ärgerten sich schon über die Empfehlung des Heeres, welches gewagt hatte, von Spanien aus deshalb eine Mahnung an den Senat zu richten.[1]) Andere fürchteten den Missbrauch der Gewalt auf Kosten der Freiheit. Gefährlich schien es auch, bedeutende Streitkräfte von Italien zu entfernen, während der Feind noch im Lande stand. Man glaubte, es genüge, den Scipio ohne Loos nach Sicilien zu schicken, worauf sein Amtsgenosse Lucius Licinius Crassus, durch seine priesterlichen Verrichtungen gehindert Italien zu verlassen, freiwillig verzichtet hatte.[2]) Wenn das nun Scipio's Wünschen in so weit entsprach, als er nicht in Italien zurückgehalten wurde, so genügte es doch weder seinen Erwartungen, noch denen des Volkes, welches den kühnsten Entschluss nicht nur für den sichersten, sondern auch für den erfolgreichsten anzusehen geneigt war. Scipio selber war so von der Zweckmässigkeit einer Landung in Afrika überzeugt, dass er die Berathung des Senats über diesen Gegenstand mit dem bestimmten Vorbehalt eröffnete, wenn die Genehmigung von Seiten des hohen Rathes verweigert würde, die Frage zur Entscheidung vor die Volksgemeinde zu bringen. Aber das erregte grossen Unwillen bei den einflussreichen Mitgliedern des Senats, und nicht nur der greise Quintus Fabius Maximus erhob seine gewichtige Stimme, sondern

---

[1]) Val. Max. VIII, 15, 1.
[2]) Liv. XXVIII, 38, 12.

auch Quintus Fulvius, der Eroberer Capua's, der viermal das Consulat bekleidet hatte und Censor gewesen war, erklärte geradezu, dass er nicht stimmen werde, wenn nicht der vorsitzende Consul im Voraus erkläre, dass er sich jedem Senatsbeschluss unterwerfen würde. Dazu konnte derselbe nur durch eine zustimmende Erklärung der Volkstribüne bewogen werden. Demnach wurde Scipio die Statthalterschaft von Sicilien und 30 Kriegsschiffe bewilligt, und ihm die Vollmacht gegeben, wenn er es für das gemeine Wesen zweckmässig erachte, nach Afrika überzusetzen; wofür aber weder die Zahl der Kriegsschiffe noch die Stärke der bewilligten Mannschaft hinreichend war. Denn Fabius hatte sich mit der grössten Hartnäckigkeit widersetzt und es durchzusetzen gewusst, dass ihm weder eine Aushebung zu halten gestattet, noch Geld bewilligt wurde; ja er suchte sogar noch diejenigen zurückzuhalten, welche freiwillig mit Scipio ziehen wollten. Denn Scipio hatte durch die Erklärung, dem Staate keinerlei Unkosten verursachen zu wollen, die Bewilligung erhalten, freiwillige Beiträge an Geld, Mannschaft und allerlei Kriegsbedürfnissen annehmen zu dürfen. Zuerst nun erklärten sich die Städte Etruriens zu ausserordentlichen Leistungen bereit. Die Caeriten versprachen Getreide und Mundvorrath aller Art für das Schiffsvolk, die Populonier Eisen, die Tarquinier Segeltuch, die Volaterraner Bretter und Balken, die Arretiner 3000 Schilde und ebenso viel Helme. Lanzen, Spiesse, Speere, und sie wollten von allen diesen verschiedenen Waffenarten bis auf 50,000 liefern, ausserdem Beile, Grabscheide, Sensen, Schanzkörbe, Handmühlen, so viel für 40 Kriegsschiffe nöthig wäre, ferner 120,000 Scheffel Weizen; auch würden sie zur Besoldung der Schiffsmeister und der Ruderer beitragen; die Perusiner, Ruselaner und Clusiner lieferten Tannen zum Schiffsbau und eine grosse Menge Getreide. Diess verdient bei den etrurischen Städten um so grössere Anerkennung, als der Adel karthagisch gesinnt war.[1]) Aber allerdings mochte der Vortheil des Adels- und des Handelsstandes nicht immer zusammengehen. Das Bauholz nahm Scipio aus den Forsten des Staats. Die Städte Umbriens und ausserdem die Bürgerschaften von Narsia, Beate und Amiternum und das ganze Sabinerland versprachen Soldaten. Von den Marsern, Pelignern und Marrucinern meldeten sich viele freiwillig für die Flotte; die Bürger von Cameria, wenn sie schon zu nichts verpflichtet waren, stellten eine vollkommen ausgerüstete Cohorte von 600 Mann. Zu 30 Schiffen wurden die Kiele gelegt, für 20 Fünfruderer und 10 Vierruderer, und 45 Tage, nachdem das Holz geschlagen, waren die Schiffe ausgerüstet und wurden vom Stapel gelassen. Auf dieser Flotte schiffte Scipio sich mit 7000 Freiwilligen ein und steuerte nach Sicilien. In der That, wenn irgend etwas die unerschöpflichen Hülfsquellen des römischen Staates, so wie die Volksthümlichkeit Scipio's zu beweisen im Stande ist, so war es diese Theilnahme des Volkes an seinem Plan für den nächsten Feldzug. Nach 14 Kriegsjahren, nachdem Hunderttausende von Bürgern sich verblutet hatten, besass das Volk noch eine solche Lebenskraft, eine solche Opferfreudigkeit, ein solches Vertrauen zu dem Feldherrn, dass sie ihm freiwillig in die Schlacht folgten für die Ehre, den Ruhm, die Rettung des Vaterlandes.[2])

---

[1]) Liv. XXVII, 21.
[2]) Liv. XXVII, 21. 24; XXVIII, 40—46. Appian. b. Hann. c. 45. b. Pun. c. 7. Zon. IX, 11, p. 233: οὔτε δὲ στράτευμα ἀξιόλογον, οὔτε πρὸς τριήρεις ἀνάλωμα ἔλαβε, διὰ τὰς ἀριστείας φθονούμενος· μόλις δὲ καὶ πάνυ ἀναγκαῖα παρέσχον αὐτῷ Plutarch. V. Fabii c. 25. Sil. Ital. XVI, 597 sqq.

Nachdem Scipio die 7000 Freiwilligen in die verschiedenen Abtheilungen seines Heeres eingereiht hatte, behielt er 300 zurück, welche durch Jugend, Leibeskraft und Rüstigkeit sich auszeichneten. Während Niemand begreifen konnte, warum er gerade die kräftigsten jungen Männer nicht sofort in den Dienst berief, forderte er von den reichsten und wohlhabendsten sikulischen Familien, dass sie 300 ihrer Söhne zum Reiterdienst für den afrikanischen Feldzug stellen sollten, wiewohl er wusste, dass sie sehr wenig Neigung für kriegerischen Ruhm fühlten. Um aber ihnen selbst, wie ihren Verwandten sich gefällig zu beweisen und zugleich für das Beste seines Heeres zu sorgen, stellte er ihnen frei, dass sie, statt sich selber zu stellen, jeder einen der 300 vollständig ausrüsten, bewaffnen und zum Dienst einüben sollten; welches mit der grössten Bereitwilligkeit von ihnen geleistet wurde. So verdiente er sich den Dank der Siculer und bildete sich ein ausgezeichnetes Geschwader, welches ihm ganz ergeben war und die wesentlichsten Dienste im Kriege geleistet hat. Ohne Zweifel war es diese Schaar, auf welche Scipio hinwies, als er gefragt wurde, was ihm den Muth und die Zuversicht gäbe, nach Afrika überzusetzen? »Diese Tapfern sind es,« antwortete er, »von denen kein einziger sich weigern würde, vom höchsten Thurme herabzuspringen, wenn ich es verlangte.« Diese unbedingte Hingebung des Volks war seine Stärke. Furchtbar in der Schlacht, war er leutselig, liebreich, bezaubernd im persönlichen Umgang, so dass die ausgezeichnetsten jungen Männer in seine Nähe sich drängten, und dass er nicht sowohl durch Strenge und Amtsgewalt herrschte, als durch die allgemeine Liebe und Verehrung als der erste Bürger Roms anerkannt wurde.[1]

---

[1] Plutarch. Apophth. p. 237. Ed. Paris. Liv. XXIX, 1.

Indessen die Vorbereitungen zur Landung in Afrika hinderten ihn nicht, seine Aufmerksamkeit den Angelegenheiten der ihm anvertrauten Statthalterschaft zuzuwenden, deren Anordnung ihm um so mehr am Herzen lag, als er in der Liebe der Provincialen die kräftigste Stütze seines Unternehmens fand; und da ein Theil der Siculer noch nicht lange der Herrschaft der Römer unterworfen war, so suchte er die Ansprüche der Sieger und der Besiegten nach den Forderungen des Rechts und der Billigkeit in Einklang zu bringen. Daher befreundete er sich auch mit den Sitten des Volkes, nahm Theil an ihren wissenschaftlichen Unterhaltungen und erschien in ihren Schulen und Hörsälen ohne allen soldatischen Prunk im einfachen bürgerlichen Kleide zur grossen Freude der Siculer, welche darin einen Beweis seiner Schonung und Menschenfreundlichkeit erkannten.[1]

Mittlerweile, um seinen Mitbürgern den thatsächlichen Beweis zu geben, dass er seinen Hauptzweck nicht aus den Augen verloren, erhielt Laelius den Auftrag, mit einer Abtheilung der Flotte eine Landung im Gebiet der Karthager zu unternehmen. Er sollte den Feind schrecken und durch diesen Scheinangriff die Karthager hindern, die in Unteritalien und Ligurien stehenden Heere zu unterstützen. Anfangs erreichte er seinen Zweck. Die Nachricht, dass eine römische Flotte gelandet sei und dass sie das Küstenland mit Feuer und Schwert verwüste, verbreitete Schrecken und Entsetzen in Karthago. Schon glaubte man den Scipio vor den Thoren, und bei diesem schnellen Wechsel des Glücks, weil sie, die vermeintlichen Herrn Italiens, sich jetzt selber bedroht sahen, trat ihnen das Gefühl der Hülflosigkeit recht lebendig vor die Seele. Sie mussten sich selber sagen, dass, während die Römer

---

[1] Liv. XXIX, 19, 12.

über Hunderttausende von Bürgern und Bundesgenossen zu gebieten hatten, welche die in den Schlachten erlittenen Verluste ersetzten und die Lücken in den Legionen ausfüllten, das karthagische Volk auf dem Lande wie in der Stadt wenig zum Kriege tauglich war. Daher mussten sie ihre Heere aus Söldnern bilden und zwar aus Afrikanern, welche wankelmüthig, unzuverlässig und treulos waren. Dazu kam, dass Mago mit seiner übergrossen Behutsamkeit in Ligurien zögerte und keinen Versuch zum Vorrücken wagte, Hannibal dagegen in Bruttium an Ansehen wie an Kräften mit jedem Tage mehr verlor. Auch waren die Verhältnisse in Afrika zu den numidischen Fürsten noch keineswegs zu einem gedeihlichen Abschluss gekommen. Indessen trotz dieser traurigen Aussichten wurden dennoch die nöthigen Vorsichtsmassregeln nicht vergessen. Schnell wurde eine Aushebung in der Stadt und auf dem Lande angeordnet. Es wurden Kriegsleute ausgesendet, um afrikanische Söldner anzuwerben und das Einfangen von Elephanten zu besorgen, Getreide angekauft, Waffen und Geschosse angefertigt, Schiffe ausgerüstet und nach Hippo geschickt. Zugleich traf die tröstliche Nachricht ein, nicht Scipio sondern Laelius sei gelandet, und das Hauptheer sei in Sicilien zurückgeblieben. Dadurch beruhigten sich die Gemüther einigermassen und es wurde beschlossen, an Syphax und an die andern numidischen Fürsten Gesandte zu schicken, um sich ihrer Treue zu versichern. Auch wurden dem König Philipp von Makedonien 200 Talente versprochen, wenn er eine Landung in Italien oder Sicilien versuchen wollte. Endlich an Mago, der in Ligurien müssig stand, wurden nicht nur Gesandte, sondern auch 25 Kriegsschiffe nebst 600 Mann Fussvolk und 500 Reiter, sowie sieben Elephanten geschickt, überdiess eine grosse Geldsumme, um gallische Hülfsvölker zu werben, damit er mit einem zahlreichen Heere gegen die Stadt Rom vorrücken und sich mit Hannibal vereinigen könne. Aber die Nachricht von der Landung des Laelius, welcher bei der Entblössung des Landes von allen Vertheidigungsmitteln seine Streifzüge weit und breit ausdehnte, hatte sich wie ein Lauffeuer auf der ganzen Küste von Afrika verbreitet, so dass selbst der König Masinissa mit wenigen Reitern aus weiter Ferne zu ihm kam und ihn aufforderte, sobald wie möglich mit den gesammten Streitkräften zurückzukehren; für den Augenblick nicht länger zu verweilen, weil die Karthager bald mit einer ansehnlichen Flotte erscheinen würden, deren Ankunft abzuwarten nicht rathsam wäre.[1]

In den Verhältnissen der Karthager zu den numidischen Fürsten waren in der letzten Zeit einige Veränderungen eingetreten, über welche einlässlicher geredet werden muss. Den Karthagern war schon durch die Pflicht der Selbsterhaltung geboten, mit den Eingebornen freundschaftliche Verbindungen zu unterhalten. Als eine reiche Handelsstadt ohne bedeutende Heeresmacht waren sie auf die Berechnungen der Staatskunst und die Regeln der Klugheit angewiesen. Erleichtert wurden diese Massregeln dadurch, dass die Bewohner der Nordküste von Afrika, Numider und Mauren, von mehreren Fürsten beherrscht wurden, welche häufig in innern Zwistigkeiten verwickelt, von den Karthagern eben so häufig unterstützt, als in ihrem Besitze bedroht wurden. Denn bald nahmen sie grosse Schaaren derselben in Sold, und beförderten die Heirathen ihrer Töchter mit den Landeseingebornen, bald begünstigten sie die Mächtigern gegen die Schwächern oder umgekehrt. Durch diese wechselseitigen Berührungen hatte sich bereits ein Mischvolk gebildet. Libyphöniker,

---

[1] Liv. XXIX, 1, 3, 4. Zon. p. 234. Ed. Bonn. Appian. Punica c. 9,

welche die Verbindung mit den wildern Stämmen vermittelten, und eine wesentliche Stütze der karthagischen Macht waren. Zufolge dieses wechselseitigen Verkehrs war es gekommen, dass der Sohn des Mæsyler-Fürsten, Gala, mit Namen Masinissa, in Karthago seine Jugend zubrachte und dort seine Erziehung erhielt. Als ein Jüngling von ausgezeichneten Anlagen des Geistes wie des Leibes, der die grössten Erwartungen erregte, hat er bald die allgemeine Aufmerksamkeit erregt. Diess und vielleicht Rücksichten höherer Staatskunst hatten den Hasdrubal, den Sohn Gisgo's, einen der mächtigsten und einflussreichsten Männer in Karthago bestimmt, ihm die Verbindung mit seiner Tochter Sophonisla in Aussicht zu stellen, deren Besitz er sich durch treue Bundesfreundschaft erwerben sollte.¹) In der That war die Tochter Hasdrubals eine der ausgezeichnetsten ihres Geschlechtes. Von einem seltenen Ebenmass der Glieder und im vollen Reiz der Jugendblüthe strahlend, bezauberte sie durch die Anmuth ihrer Sitten. Ihr Geist, durch Wissenschaft und Kunst veredelt, steigerte die Bewunderung, die ihr Erscheinen überall erweckte, zu den ausserordentlichsten Huldigungen, und die Macht ihrer Schönheit schien unwiderstehlich. Sie hatte den jungen Fürsten in Karthago kennen gelernt und war, wie es scheint, nicht gleichgültig gegen seine Bewerbung geblieben.²) Auch hatte Masinissa durch seine ritter-

---

¹) Liv. XXIV, 48, 49. Appian. Pun. 10. Hisp. c. 37.

²) Liv. XXX, 12: forma erat insignis et florentissima aetas. Dio Cass. Ed. Diod. I, p. 102: ἀστεία τε καὶ αἱμύλος ἦν καὶ τὸ σύμπαν οὕτως ἐπαφρόδιτος κ. τ. λ. Zon. IX, 11 fast die gleichen Worte. Diodor fr. XXVII p. 378 Ed. Bip. τὴν τε ὄψιν ἦν εὐπρεπὴς καὶ τοῖς νόμοις ποικίλη καὶ πᾶν ἐξομηρεύεσθαι δυναμένη. Uebrigens nimmt Diodor an, dass sie früher mit Masinissa verheirathet, diesem entrissen und dem Syphax zugesichert worden sei. Appian. Hisp. c. 37. Pun. 27 u. 50.

liche Tapferkeit und seine geschickte Kriegführung in
Spanien die allgemeine Erwartung nicht nur gerechtfertigt, sondern weit übertroffen, und den Karthagern die
wesentlichsten Dienste geleistet. Aber mächtiger als Gala
war der Herrscher des westlichen Numidiens, Syphax,
welcher schon im Anfang des zweiten punischen Kriegs
gegen die Karthager feindlich gesinnt, von den beiden Scipionen in Spanien zu einem Waffenbündniss eingeladen
worden war. Der Barbar, hocherfreut über diese Auszeichnung, gieng nicht nur auf die Wünsche der Römer
ein, sondern hatte sich auch einen Meister des Kriegshandwerks von ihnen erbeten, um die Numider, welche
bisher nur in regellosen Reitergefechten den Krieg zu
führen gewohnt waren, in dem Dienst das Fussvolk einzuüben, dass sie den Fahnen folgten, Reihe und Glied
beobachteten, in Ordnung aufmarschierten und mit fester
Haltung zu Fuss kämpften. Dadurch hatte er ein bedeutendes Uebergewicht erhalten und war in mehreren Gefechten siegreich gewesen. Ja er hatte auch geheime
Boten an die verschiedenen Abtheilungen numidischer
Söldner geschickt, um seine Unterthanen zum Treubruch
zu verleiten, welches bei dem Wankelmuth dieser wilden
Horde nur zu gut gelang. Die Karthager, durch diesen
Abfall bedroht, hatten nun ihrerseits Gesandte an den
König Gala geschickt und ihn leicht überredet, dass die
Verbindung des Königs Syphax mit den Römern ebenso
gefahrdrohend für die einheimischen Fürsten als für die
Karthager sei. Zugleich hatten sie den Hasdrubal mit
seinen besten Streitkräften aus Spanien herbeigezogen.
Von diesem vereinigten Heere der Karthager und Mæsyler war Syphax in einer grossen Schlacht besiegt worden, und war nach dem Verlust von 30,000 Mann nach
dem äussersten Westen geflohen. Allerdings hatte er durch
sein Ansehen bei den Barbaren wieder eine grosse Masse

von Streitern zusammengeracht, als Masinissa mit dem
siegreichen Heer erschien; und so dauerte der Krieg
unter den numidischen Fürsten einige Zeit fort. Hernach
war Masinissa dem Hasdrubal nach Spanien gefolgt und
dadurch hatte sich das Glück wieder auf die Seite des
Syphax gewendet, der im achten Jahre des zweiten punischen Krieges von seinen Siegen über die Karthager nach
Rom berichtete und um Erneuerung des Bündnisses sich
bewarb.[1] Es ist auch damals wirklich erneuert worden,
aber ohne sichtbaren Erfolg. Unterdessen hatte Masinissa
durch seine Unverdrossenheit im Dienste des karthagischen
Staates und seine rastlose Thätigkeit vergebens sich bemüht, den Preis seiner Hingebung, die Geliebte, zu erringen. Die Staatskunst gewann auch hier die Oberhand.
Sei es, dass die Macht des Syphax immer drohender erschien, sei es, dass Scipio's Erscheinen in Cirta so grossen Schrecken verbreitet hatte, dem Hasdrubal und seiner
Parthei schien kein Preis zu hoch, um den König der
Sache der Römer zu entfremden und das kaum geschlos-
sene Bündniss zu lösen. Kurz, entweder der Vater selber
oder die Männer seiner Parthei in Abwesenheit des Vaters
glaubten ihren Zweck nicht anders erreichen zu können,
als indem sie dem verliebten Sultan die dem Masinissa
verlobte Braut zur Gattin versprachen. Diess suchte nun
zwar Hasdrubal dem Masinissa zu verbergen, aber dieser
hatte das Geheimniss bald entdeckt, — die Liebe ist arg-
wöhnisch — und wurde nun mit eben so bitterm Hass
gegen Hasdrubal und die Karthager erfüllt, als er früher
mit der ganzen Glut afrikanischer Leidenschaft sich seinen Gefühlen überlassen hatte. Von nun an stand der
Gedanke fest bei ihm, nicht nur die Sache der Karthager

---

[1] Liv. XXIV, 48, 49. XXVII, 4. XXIX, 29—34. Appian.
Pun. c. 10—13. Zon. IX, 12.

zu verlassen, sondern sich auch an ihnen zu rächen. Hatte ihm Scipio schon vorher Bewunderung abgezwungen, so war er noch mehr durch seine Grossmuth eingenommen worden, weil er seinen Vetter, den Massiva, einen halberwachsenen Knaben, der in seine Gefangenschaft gerathen war, nicht nur ohne Lösegeld freigegeben, sondern reichlich beschenkt entlassen hatte.[1] Später hatte er gegen Scipio's Unterfeldherrn sich erklärt und Scipio's Persönlichkeit hatte die Unterhandlungen zum Abschluss gebracht.[2]

Unterdessen war Gala, der König von Numidien, gestorben; über die Nachfolge waren Thronstreitigkeiten entstanden und Masinissa, um seine Ansprüche geltend zu machen, war nach Afrika zurückgekehrt. Eine Bedeckung mauretanischer Reiter hatte ihn sicher an die Grenze seines väterlichen Reichs geleitet, wo sich ihm ungefär 500 Reiter anschlossen, mit denen er seinen Mitbewerber angriff, in die Flucht schlug und seine Zuflucht zu Syphax zu nehmen zwang. Dieser Sieg führte ihn alle Freunde seines Vaters zu und mit ihrer Hülfe konnte er von dem Thron völlig Besitz nehmen. Ja als sein Nebenbuhler den Kampf mit 25,000 Mann erneuerte, wurde er zum zweitenmal geschlagen und durch die Grossmuth Masinissa's, der ihm eine ehrenvolle Rückkehr gestattete, sogar bewogen, sich mit seinem siegreichen Gegner auszusöhnen.

Aber das war nicht nach dem Sinne der Karthager; welche nicht nur die grossen Eigenschaften Masinissa's, sondern auch seine Rache fürchteten. Hasdrubal zumal, welcher sich damals zufällig bei Syphax aufhielt, wusste ihm die Nachbarschaft des neuen Herrschers als so ge-

---

[1] Liv. XXVII, 19.
[2] Liv. XXVIII, 29, 35. Appian. Hisp. 10.

fährlich darzustellen, dass dieser mit grosser Heeresmacht den Masinissa überfiel, in einer blutigen Schlacht völlig besiegte und ihn mit weniger Reiterei sein Heil in der Flucht zu suchen zwang. Seitdem hatte sich Masinissa in das Gebirge zurückgezogen und führte von da aus nur eine Art Raubkrieg gegen die Karthager. Jetzt gedachte Syphax einen eigentlichen Vertilgungskrieg gegen den kühnen Abentheurer zu führen und eine Abtheilung seines Heeres trieb ihn durch Einschliessung so in die Enge, dass er schwerverwundet nur mit zwei Begleitern, durch einen Strom schwimmend, seinen Verfolgern entrann und lange in einer Höhle verborgen, mit Kräutern sein Leben fristen musste. Schon wurde er todt gesagt und in Karthago war grosse Freude, als er wiederhergestellt aufs Neue auf dem Schauplatz seiner Thaten erschien und an der Spitze eines nicht unbeträchtlichen Heerhaufens, der sich rasch um ihn gesammelt hatte, nicht nur das Gebiet der Karthager bedrohte, sondern auch Einfälle in das Reich des Syphax machte. Darauf sandte dieser seinen Sohn Vermina mit einem neuen Heere, welcher den Masinissa hinterlistig überfiel und ihn nöthigte, mit nicht mehr als 60 Reitern nach der kleinen Syrte zu entfliehen, wo er sich östlich von dem Flusse Bagrada zu den Garamanten wandte und die Seestädte brandschatzte.[1])

---

[1]) Zon. IX, 12. Liv. XXIX, 29—33. Appian. Pun. 11. 12. Ueber die Wohnsitze der Garamanten (vgl. Herod. IV, 181—185) hat Heeren in seinen „Ideen über die Politik, den Verkehr und den Handel der vornehmsten Völker der alten Welt" Th. 11, Abth. 1 überzeugend nachgewiesen, dass sie an der grossen Carawanenstrasse von Theben nach der Nordküste im jetzigen Fezzan, dem alten Phazania, zu suchen sind. Der Hauptort des Landes war Germa oder Garama, kaum eine Tagereise südlich von Zuila und kaum vier Tagereisen von der jetzi-

Jetzt endlich erkannten die Karthager, dass ein Mann, den weder List noch Gewalt verderben konnte, durch andere Mittel unschädlich gemacht werden müsste, und da die Landung Scipio's immer näher rückte, so hatten sie den Syphax vermocht, dem vertriebenen Masinissa einen Theil des ihm entrissenen Reiches wieder zurückzugeben, welches er später, wenn die Gefahr vorüber wäre, wieder zurücknehmen könnte. Masinissa durchschaute ihre Absicht, aber um sich an seinen Feinden um so empfindlicher zu rächen, gieng er scheinbar auf ihre Pläne ein und galt seitdem als ein Verbündeter der Karthager. Daher ist wohl nicht zu bezweifeln, dass er ganz im Geheimen den Laelius aufsuchte und die Landung Scipio's so viel wie möglich beschleunigt wünschte, um seinen Racheplan ohne Aufschub durchführen zu können.[1]

Scipio würde dieser Aufforderung des Numiderfürsten sehr gern gefolgt sein, weil er die gespannte Erwartung und die Ungeduld seiner Mitbürger kannte, wenn er über hinlängliche Streitkräfte hätte verfügen können und die Ausrüstung der Flotte beendigt gewesen wäre. Denn mit den bisher bewilligten Mitteln wäre die Unternehmung geradezu eine Tollkühnheit gewesen. Ueberdiess bot sich ihm unerwartet eine Gelegenheit dar, die wichtige Stadt Locri, durch welche Hannibal die Verbindung mit Karthago unterhielt, demselben zu entreissen. Hier hatte die Volkspartei gleich nach der Schlacht bei Cannae den Abfall von den Römern durchgesetzt und die Aristokraten vertrieben.[2] Seitdem waren diese Gegenden mehr durch Räubereien unsicher, als dass eigentlich Krieg geführt

---

gen Hauptstadt Murzuk. Vgl. Barths Reisen in Afrika Bd. 1, p. 175 ff.

[1] Liv. XXIX, 4, 33. Zon. IX, 12.
[2] Liv. XXIV, 1.

wurde. So war es geschehen, dass einige Bürger von Locri durch eine römische Streifparthie aufgehoben und gefangen nach Rhegium geführt wurden, wo sich die Häupter der aristokratischei Parthei aufhielten. Von diesen über den Stand der Angelegenheiten in Locri befragt, erklärten die Gefangenen, dass, wenn man sie loskaufen und sie nach Locri zurückkehren lassen wolle, sie die Stadt den Römern in die Hände spielen würden. Sie wohnten auf der Burg, kannten alle Zugänge und genossen des unbedingten Zutrauens der Karthager. Die Aristokratie, eben so wohl von der Sehnsucht nach der Heimath, als von der Begierde gestachelt, sich an ihren Feinden zu rächen, kauften die Gefangenen sogleich los, und, nachdem sie mit ihnen das Nöthige verabredet hatten, schickten sie dieselben nach Locri zurück. Darauf begaben sie sich zu Scipio und wussten ihn zu überzeugen, dass die Hoffnung, Locri wieder zu gewinnen, keineswegs ungegründet sei. Daher er zwei Kriegsobersten, den Marcus Sergius und Publius Matienus, den Befehl zusandte, 3000 Mann von Rhegium nach Locri zu führen; zugleich schrieb er dem Proprætor Quintus Pleminius, die ganze Unternehmung zu leiten. So brachen sie von Rhegium auf mit Leitern und allerlei Belagerungsgeräthe, gaben denen auf der Burg das verabredete Zeichen, welches von denselben erwiedert wurde, indem sie ebenfalls eine Anzahl Leitern von der Mauer herabliessen; so wurden die Mauern erstiegen und sie kamen in grosser Anzahl auf den Burghof, ehe die im tiefen Schlaf liegenden Wächter das Geringste ahnten.

Erst das Geschrei der Verwundeten und der Hülferuf der Ueberfallenen brachten die Stadt in Aufruhr, und die eingedrungenen Feinde wären der Uebermacht unterlegen, wenn nicht die grosse Zahl der ausserhalb der Mauern Stehenden durch ihr unaufhörliches Geschrei alle

Vertheidigungsmaassregeln unsicher gemacht hätten, da Niemand wusste, von welcher Seite die grösste Gefahr drohte. Daher die Punier die eine Burg aufgaben und sich in die andere Feste zurückzogen. So standen sich Römer und Karthager in den beiden Festungen einander gegenüber, während die Stadt in der Gewalt der Bürger blieb. Jetzt fanden täglich kleine Scharmützel statt, weil beide Theile unaufhörlich Verstärkungen an sich zogen und die Römer hätten sich nicht behaupten können, wenn nicht die Bürgerschaft durch die Habsucht und den Uebermuth der Karthager erbittert, sich gegen dieselben erklärt hätten.

Scipio, von der Gefahr der Seinen benachrichtigt und dass Hannibal selbst in der Nähe sei, wodurch die Besatzung leicht hätte abgeschnitten werden können, weil der Rückzug sehr schwierig war, liess seinen Bruder mit der Besatzung in Messana zurück und eilte selbst mit einer Abtheilung der Flotte den Bedrängten zu Hülfe. Hannibal, der nicht weit von der Stadt Locri Stellung genommen hatte, schickte einen Boten, um die Besatzung aufzufordern, mit Tagesanbruch das Gefecht mit den Lokrern und Römern zu erneuern, während er selber die Stadt unvermuthet im Rücken überfallen werde. Mit Sonnenaufgang erneuerte sich das Gefecht; Hannibal nahm aber doch Anstand, sich mit seinem Heere in der Burg einzuschliessen, wo die Enge des Raumes nur Verwirrung würde angerichtet haben, und da er keine Leitern mitgebracht hatte, um die Mauern der Stadt zu ersteigen, liess er das Gepäck zusammenwerfen, und nicht weit von den Mauern das Heer sich in Schlachtordnung stellen, während er selber mit den numidischen Reitern um die Stadt ritt, um auszukundschaften, von welcher Seite er dieselbe mit dem grössten Erfolge angreifen könnte. Da aber einer aus seiner nächsten Umgebung von einer Schleuder verwundet wurde, so befahl er, durch diese Gefahr aufmerksam gemacht, dem Heer, sich ausserhalb der Pfeilschussweite zurückzuziehen und dort das Lager aufzuschlagen. Kurz darauf, noch wenige Stunden vor Anbruch der Nacht, lief die römische Flotte im Hafen ein, schiffte sich aus und rückte in die Stadt.[1]) Am folgenden Morgen begann die karthagische Besatzung von Neuem den Kampf und Hannibal rückte mit Sturmleitern und andern Belagerungsgeräthen gegen die Stadt, als sich plötzlich die Thore öffneten und die Römer einen Ausfall machten und etwa 200 Karthager, welche sich zu weit vorgewagt hatten, niederhieben. Hannibal, wie er die Ankunft des Consuls vernahm, gieng ins Lager zurück und liess der Besatzung durch einen Boten melden, sie sollten sich selber helfen, und brach noch in derselben Nacht auf. Die Besatzung folgte seinem Beispiel, steckte die Gebäude auf der Burg in Brand, und durch die Verwirrung, welche die Feuersbrunst anrichtete, gelang es ihnen, zu entfliehen und den vorausgeeilten Zug der Ihrigen zu erreichen.

Wie Scipio die Burg von den Feinden verlassen und das Lager leer fand, liess er die Lokrer zu einer Versammlung berufen und sprach harte Worte wegen des Abfalls. Die Anstifter des Treubruchs liess er festnehmen und hinrichten und schenkte ihre Güter den Häuptern der aristokratischen Partei. Die weitern Beschlüsse von Seiten der Republik hätten sie zu gewärtigen. Sie sollten Gesandte nach Rom schicken, der Senat werde ihr Schicksal bestimmen. Das wisse er, dass sie sich unter der Herrschaft der erzürnten Römer besser befinden würden, als unter dem Schutze der befreundeten Karthager.

Die Lokrer waren von den Karthagern so grausam

---

[1]) Liv. XXIX, 6—9.

und übermüthig behandelt worden, dass sie mässige Unbilden nicht nur mit Ergebung, sondern fast willig würden ertragen haben. Aber Pleminius und die römische Besatzung übertrafen den Hamilcar und die karthagische Besatzung so sehr an Ruchlosigkeit und Habsucht, dass sie in Verbrechen zu wetteifern schienen. Nichts was dem Hilflosen die Gewalt der Mächtigen verhasst macht, blieb weder von Seiten des Anführers noch der Soldaten unversucht. Gegen die Person der Bürger, gegen Frauen und Kinder wurden schmähliche Dinge verübt. Das Eigenthum wie die Freiheit der Bürger war auf gleiche Weise gefährdet. Die Raubsucht schonte nicht einmal Tempel und Heiligthümer, und da alle Hände sich mit solchen Gräueln besudelt hatten, erschien es als eine Strafe des Himmels, dass Anführer gegen Anführer, Soldaten gegen Soldaten in blinder Wuth sich erhitzten.

Den Oberbefehl führte Pleminius; der eine Theil des Kriegsvolks, den er selber von Sicilien herüber geführt hatte, stand unmittelbar unter ihm, ein Theil unter Sergius und Matienus. Zufällig war ein Soldat des Pleminius, der einen Becher gestohlen, von dem Besitzer verfolgt, auf die beiden Kriegsobersten gestossen und hatte auf ihren Befehl den Becher zurückgeben müssen. Darauf entstand Geschrei und Zank, endlich ein förmliches Gefecht zwischen den Soldaten der Obersten und des Pleminius, da von beiden Seiten immer mehrere hinzukamen und der Lärm und die Verwirrung immer ärger wurde. Aus dem Felde geschlagen, rannten die Soldaten des Pleminius mit Heulen und Schreien zu ihrem Befehlshaber, zeigten ihm die blutigen Wunden und berichteten, wie in dem Wortwechsel gegen ihn selber wären Schimpfreden ausgestossen worden. Worauf dieser vor Zorn ausser sich aus dem Hause stürzte, die Obersten rufen liess und sie zu entkleiden befahl, um sie mit Ruthenstreichen zu züchtigen. Während dieser Vorbereitungen — denn es vergieng einige Zeit, weil die Obersten sich wehrten und die Hülfe ihrer Leute anriefen — rannte das erbitterte Kriegsvolk, durch den neuen Sieg übermüthig, von allen Seiten herbei, und da sie die Obersten schon misshandeln sahen, geriethen sie völlig in Raserei, stürzten auf den Befehlshaber, prügelten die Lictoren durch, drängten den Pleminius von seiner Umgebung weg und richteten ihn so übel zu, dass sie ihn wie todt mit verstümmelter Nase und abgeschnittenen Ohren auf den Platze liegen liessen.

Da diess nach Messana gemeldet wurde, kam Scipio wenige Tage hernach auf einem Sechsruderer nach Locri und nach angestellter Untersuchung sprach er den Pleminius von aller Schuld frei, die Obersten aber sollten gefesselt nach Rom an den Senat zur Bestrafung geschickt werden. Kaum aber hatte er Locri verlassen und war nach Messana zurückgekehrt, als Pleminius rasend vor Zorn und in der Voraussetzung, Scipio habe seine Misshandlung zu leicht genommen, denn Niemand könne dergleichen beurtheilen, ausser der es persönlich erfahren, die Obersten ergreifen und hinrichten liess, nachdem er ihnen alle möglichen Qualen angethan hatte; und damit nicht zufrieden, liess er die Leichname den Vögeln und Hunden zum Frasse vorwerfen. Dieselbe Grausamkeit übte er auch gegen die vornehmen Lokrer, die, wie er erfahren, zu Scipio gereist waren; und die Schandthaten, die er früher nur aus Muthwillen und Habsucht verübt hatte, begieng er jetzt im grössern Maassstabe aus Rache und Zorn.[1]

Die Kunde von diesen Gräueln gelangte endlich nach Rom. Zehn Gesandte der Lokrer in Sack und Asche

---

[1] Liv. XXIX, 6—9.

hielten den auf dem öffentlichen Platze (Comitium) sitzenden Consuln nach griechischer Sitte Oelzweige als Zeichen der Schutzflehenden entgegen und warfen sich mit kläglichem Rufen auf den Boden. Auf die Frage der Consuln, wer sie wären, erzählten sie kürzlich die Ursache ihres Kommens und baten, ihnen zu erlauben, vor den Senat zu treten um ihre Beschwerden vorbringen zu können.

Auf erhaltene Erlaubniss erzählten sie mit allermöglichen Schonung gegen Publius Scipio den Thatbestand und entschuldigten seine Nichtachtung ihrer Klagen mit der Verfolgung der grossen Plane, deren Ausführung ihm oblag. Nichtsdestoweniger lastete der Verdacht strafwürdiger Gleichgültigkeit auf ihm und die Erbitterung gegen den Oberfeldherrn war nicht geringer als gegen Pleminius, den er nach angestellter Untersuchung in seinem Amte belassen hatte.[1]) Da erhob sich der greise Quintus Fabius Maximus und sprach mit dem ganzen Gewichte seines wohlbegründeten Ansehens gegen die Amtsführung Scipio's; Eigenmächtigkeit und Willkühr bestimmten alle seine Beschlüsse. Er scheine dazu bestimmt, alle Kriegszucht zu verderben. Erst lasse er der Zügellosigkeit des Kriegsvolkes ihren freien Lauf, dann züchtige er sie wie ein Despot. Dieser Anklage fügte er den Antrag bei: Pleminius solle gebunden nach Rom gebracht werden und in Fesseln sich vertheidigen, und wenn die Beschwerden der Lokrer gegründet wären, solle er im Kerker hingerichtet und seine Habe für Staatseigenthum erklärt werden. Publius Scipio, weil er ohne Befehl des Senats seinen Amtskreis verlassen, sollte zurückgerufen und mit den Volkstribünen geredet werden, dass sie einen Antrag auf seine Zurückberufung vor das Volk bringen sollten. Gegen die Lokrer sollte die Missbilligung des

---

[1]) Liv. XXIX, 16—22.

Geschehenen ausgesprochen und die Zurückgabe aller aus dem Heiligthum entwendeten Gelder zugesichert werden. Endlich solle die dermalige Besatzung von Locri nach Sicilien geschickt und vier Kohorten Bundesgenossen statt ihrer nach Locri geschickt werden.

Auch erhoben sich tadelnde Stimmen über den weibischen Aufzug des Feldherrn, dass er im griechischen Mantel und in Weiberschuhen mit griechischen Schwätzern sich abgebe. Seinem Beispiele folge die Mannschaft, das ganze Heer sei durch Zügellosigkeit erschlafft und den Bundesgenossen furchtbarer als dem Feinde. Der Krieg sei völlig vergessen. Also trotz des Widerspruchs des Quintus Cæcilius Metellus, dessen weise Mässigung jedem übereilten Schritt entgegentrat, gieng der Beschluss durch, der Prætor Marcus Pomponius, dem die Statthalterschaft Sicilien zugefallen war, sollte in den nächsten drei Tagen dahin abgehen. Ausserdem sollten die Consuln zehn Bevollmächtigte aus dem Senat wählen, welche nebst zwei Volkstribunen und einem Aedil den Beirath des Prætors bilden sollten. Diese sollten untersuchen, ob die Gräuel, welche in Locri verübt worden sind, auf Befehl und mit Genehmigung Scipio's geschehen wären und, wenn diess der Fall wäre, ihm befehlen, die Statthalterschaft zu verlassen. Wenn aber Scipio schon nach Afrika übergesetzt wäre, sollten die Volkstribunen und der Aedil mit zwei Abgeordneten, die der Prætor für geeignet halte, nach Afrika gehen, um den Scipio zurückzuführen, und den Oberbefehl übernehmen, bis der neue Oberfeldherr eingetroffen wäre. Wenn sich aber herausstelle, dass diese Dinge nicht auf den Befehl und mit dem Willen Scipio's geschehen seien, so solle Scipio bei dem Heere bleiben und den Krieg zu Ende führen. Die Abgeordneten beschlossen zuerst nach Locri zu gehen und dann nach Messana. Ueber den weitern Verlauf der Sache weichen die

Berichte ab. Einige melden, dass Pleminius auf die Nachricht von den Vorgängen in Rom nach Neapel habe auswandern wollen und zufällig auf den Quintus Metellus, einen der Abgeordneten gestossen und von diesem gewaltsam nach Rhegium geschleppt worden sei; andere, Scipio habe selber einen Abgeordneten mit dreissig römischen Reitern abgeschickt, um den Pleminius und mit ihm die Hauptrüdelsführer in Ketten zu werfen. Diese alle wurden entweder vorher auf Scipio's oder auf des Prætors Befehl den Bewohnern von Rhegium in Gewahrsam gegeben. Dann reisten die Bevollmächtigten zuerst nach Locri und brachten alles Geld, was bei Pleminius und den Soldaten gefunden worden war, und was sie selber mitgebracht hatten, in den Tempelschatz zurück. Darauf liessen sie die ganze Besatzung ausrücken und ein Lager ausserhalb der Stadt beziehen, unter Androhung schwerer Strafe, wenn einer etwas mitnehmen würde, was nicht sein Eigenthum wäre. Den Lokrern wurde gestattet, ihr Eigenthum zu nehmen, wo sie es fänden, namentlich solle Niemand in die Sklaverei geführt werden können. Darauf wurde den Lokrern ihre Freiheit und die Gesetze bestätigt, und sie aufgefordert, wenn sie, irgend welche Beschwerde gegen Scipio hätten, ihnen nach Rhegium zu folgen. Die Lokrer statteten vor Allem ihren Dank ab und erklärten, dass sie Klage gegen Pleminius erheben würden. Von Scipio seien sie überzeugt, dass weder auf seinen Befehl noch mit seinem Willen solche ruchlose Handlungen verübt worden seien. Er habe nur ihnen zu wenig und dem Pleminius zu viel geglaubt; auch seien nicht Alle eben so geeignet, Vergehungen zu bestrafen, als sie dieselben verabscheuten. Uebrigens sei Scipio ein Mann, den sie lieber zum Freunde als zum Feinde haben möchten. Dem Prætor und den Abgeordneten wurde durch diese Erklärung eine grosse Last abgenommen; sie erklärten also den Pleminius und die 32 mit ihm für schuldig und schickten sie nach Rom; sie selbst reisten zu Scipio, um die übrigen gegen denselben vorgebrachten Beschuldigungen zu prüfen und den Thatbestand zu untersuchen. Hier aber wurden sie aufs angenehmste überrascht; statt aller Rechtfertigung mit Worten wurden ihnen Thatsachen entgegen gehalten. Am Tage ihrer Ankunft wurden sie gastlich empfangen; am folgenden Tage zeigte ihnen Scipio das Landheer und die Flotte. Das Heer war in voller Rüstung und führte eine Menge kriegerischer Bewegungen aus; die Flotte lieferte im Hafen ein Scheingefeht. Darauf liess er sie auf der Werfte und in den Zeughäusern herumführen und durch Alles, was sie sahen, wurden sie mit solcher Bewunderung erfüllt, dass sie die Besiegung der Karthager unter diesem oder unter keinem Feldherrn für möglich erklärten, und ihn aufforderten, unter dem Beistand der Götter die Anker zu lichten und die Erwartung des römischen Volks zu rechtfertigen und seinen sehnlichsten Wunsch zu erfüllen. Sie verliessen ihn mit der bestimmten Hoffnung des Sieges. Auch der Senat wurde durch den günstigen Bericht der Abgeordneten so völlig umgestimmt, dass er den Scipio nicht nur bevollmächtigte, die Landung in Afrika zu unternehmen, sondern ihm auch gestattete, aus den in Sicilien stehenden Legionen Alle auszuwählen, welche er für tauglich halte, wodurch die Ausführung des lang genährten Planes eigentlich erst möglich wurde. Und nun, nachdem er über ein Jahr mit den Vorbereitungen zugebracht hatte, sollte die Abfahrt keinen Augenblick verzögert werden.[1]

---

[1] Liv. XXIX, c. 22. 23; Dio Cass. Ed. Dindorf 1863 T. 1. p. 105; Zon. IX, 11. p. 233. 234. Appian bell. Hannib. c. 65. Ueber das Schicksal des Pleminius lauten die Nachrichten verschieden. Er und seine Mitschuldigen wurden bei ihrer Ankunft

Diesen Entschluss zur Reife zu bringen, hatte wesentlich eine Botschaft des Königs Syphax beigetragen. Dieser nämlich, auf dessen Bundesgenossenschaft Scipio namentlich die Hoffnung des Gelingens für seinen Plan gebaut hatte, kündigte ihm die Freundschaft auf, weil er durch die Verheirathung mit der Tochter Hasdrubals den Karthagern befreundet und durch einen förmlichen Vertrag Bundesgenosse des karthagischen Volkes geworden sei. Daher drückte er den Wunsch aus, dass die Karthager und Römer wie bisher fern von Afrika den Krieg unter sich führen möchten, damit er nicht genöthigt wäre, sich in ihren Streit zu mischen und gegen den einen oder den andern bundesbrüchig zu werden. Sollte aber Scipio mit einem Heere in Afrika landen und gegen Karthago ziehen, so sei seine Pflicht das Land zu vertheidigen, wo er geboren sei, und für das Vaterland, Haus und Hof seiner Gattin die Waffen zu ergreifen.

---

in Rom sofort ins Gefängniss geworfen, und fanden anfangs beim Volke eine grosse Erbitterung. Hernach, beim öftern Verhöre, milderte sich der Zorn, und die schreckliche Verstümmelung des Pleminius selber sowie die Vorliebe des Volkes für Scipio stimmte dasselbe zum Mitleid. Er starb übrigens im Gefängniss, ehe über ihn abgeurtheilt wurde, Liv. XXIX, 22; Diodor XXVII, p. 375—77; Valer. Max. III, 6, 1. Aber nach Clodius Licinus und Liv. XXXIV, 44 wäre er erst 10 Jahre später, unter dem zweiten Consulat Scipio's, hingerichtet worden, weil er von dem Kerker aus Brandstiftung versucht hatte, um bei der allgemeinen Verwirrung zu entrinnen. Ganz unwahrscheinlich ist aus den angeführten Gründen die Verschiebung seines Todesurtheils nicht. Das zweite Consulat des Scipio erleichterte die Verwechslung; auch lässt sich kaum eine vernünftige Ursache einer solchen Verschiedenheit der Angabe entdecken, wenn nicht etwas zum Grunde lag.

Diese Erklärung, welche den Scipio abschrecken sollte, beschleunigte die Ausführung seines Plans. Schnell, ehe die Gesandten des Königs mit andern verkehren und der Inhalt ihrer Botschaft kund werden konnte, entlässt er dieselben mit einem Schreiben an den König, worin er ihn bei allen Heiligen beschwor, sein gegebenes Wort zu lösen und nicht den Vorwurf des Meineides auf sich zu laden. Das Heer aber erhielt den Befehl zum Aufbruch. Lilybæum wurde zum Sammelplatz bestimmt. Der Hafen fasste die Menge der Schiffe nicht, die Mauern der Stadt waren zu enge für das Heer und die von allen Seiten herbeiströmenden Menschen. Alle wollten Zeugen der Abfahrt einer Flotte sein, auf welcher die Hoffnung des ganzen römischen Volkes ruhte, welche dem Vaterlande Sieg, den Frieden und Befreiung von allen Leiden des langen Krieges bringen sollte. Es war ein erhabener Anblick, als Scipio, nachdem das Kriegsvolk, die Lebensmittel und der gesammte Kriegsbedarf eingeschifft waren, von der Höhe des Verdecks das feierliche Gebet zu den Göttern sprach und nach vollbrachtem Opfer ein Trompetenstoss das Zeichen zur Abfahrt gab. Der Jubelruf des Heeres, die Glückwünsche, die Segnungen, die Worte des Abschieds von der am Ufer stehenden Menge erfüllten die Lüfte, ein frischer Wind schwellte die Segel und bald verschwand die Flotte aus dem Gesichte.

Es waren früher grössere Flotten, zahlreichere Heere aus Sicilien nach Afrika übergesetzt, die Consuln Manlius und Regulus waren mit 330, Aemilius mit 350 Kriegsschiffen und zwei consularischen Heeren [1] unter Segel gegangen, aber nie waren solche Hoffnungen und Erwartungen an eine Unternehmung geknüpft worden.

Scipio mit nur 52 Kriegsschiffen und einem Heere,

---

[1] Liv. XXIX, 24—26; Polyb. I, 29. 36.

dessen Zahlangaben zwischen 12,000 und 35,000 schwanken ¹) (wo eine mittlere Durchschnittzahl wohl am richtigsten den anfänglichen Bestand des Heeres angeben möchte), wurde als der vom Schicksal bestimmte Sieger des zweiten punischen Kriegs und als der Mann angesehen, welcher dem Vaterlande die Segnungen des Friedes wiederbringen würde. Nicht als ein Erzeugniss des Scharfsinns noch des grübelnden Verstandes hatte sich dieses Vertrauen im Volke gebildet, sondern es war der Glaube an den Geist und die Willenskraft des Scipio, der mehr wie jeder andere die Zeit erkannt und von ihren Schwingen getragen den Wünschen des Volkes begegnete.²)

Indessen waren die Karthager nicht müssig geblieben. Da sie den ganzen Winter die Landung Scipio's gefürchtet hatten, so waren sie vorzüglich bemüht gewesen, dem Scipio die Unterstützung der einheimischen Fürsten zu entziehen, ohne welche seine Unternehmung als Tollkühnheit erschien. Syphax war durch die Verbindung mit der Sophonisba gebunden; den Masinissa hatten sie durch die Zurückgabe seines Reichs zu versöhnen gesucht. Und dieser hatte den Vorschlag zwar angenommen, aber nur in der Absicht, um durch scheinbare Ergebenheit sich um so empfindlicher zu rächen.³) Auch Syphax, wiewohl er dem Scipio die Freundschaft aufgekündigt hatte, war keineswegs geneigt, die völlige Vernichtung der einen der beiden kriegführenden Partheien fördern zu wollen. Im Gegentheil, er sah es als eine der nothwendigen Bedin-

---

¹) Appian Pun. 13. Liv. XXIX, 26 nennt nur 40 Kriegsschiffe. Die Zahl von 18000 Mann Fussvolk, 600 Reiter, ist die wahrscheinlichste. 400 Transportschiffe und eine Menge anderer kleinerer Fahrzeuge waren ihm gefolgt.

²) Liv. XXIX, 26, 6; Polyb. Ed. Bekker p. 1187 n. 158.

³) Appian Pun. 13; Zon. IX, 12, 234.

gungen persönlicher Sicherheit an, die einen durch die andern im Schach zu halten, und durch seine Mitwirkung den Ausschlag zu Gunsten des einen oder des andern zu geben.¹) Damals jedoch, als Scipio in der Nähe von Utica sich gelagert hatte, rückten ihm Hasdrubal, Syphax und Masinissa mit vereinigten Streitkräften entgegen und schlugen ihr Lager nicht weit vom Feinde auf. Aber gleich das erste Gefecht war von übler Vorbedeutung gewesen. Eine Abtheilung von tausend karthagischen Reitern unter dem Befehl Hanno's, abgeschickt, um wo möglich die Landung der Römer zu verhindern oder Erkundigungen über Stärke und Stellung des feindlichen Heeres einzuziehen, war auf die römischen Vorposten gestossen und mit ihrem Anführer grösstentheils niedergehauen worden. Bald darauf war auch eine bedeutende Stadt in die Hände der Römer gefallen und 8000 römische Gefangene, Freie und Sklaven, befreit worden.²) Kurze Zeit nachher war Syphax unter dem Vorwande, dass die Grenzen seines Reiches von barbarischen Stämmen bedroht wären, plötzlich aufgebrochen und in sein Reich zurückgekehrt. Masinissa aber kam des Nachts insgeheim zu Scipio ins Lager, und nachdem er ihn über sein Verhältniss hinlänglich unterrichtet hatte, verabredete er mit ihm einen Plan für den folgenden Tag, um eine feindliche Reiterabtheilung von 4000 Pferden in einen Hinterhalt zu locken und zu vernichten. Zu dem Ende sollte Scipio ungefähr 5000 Mann bei dem Thurm des Agathocles, kaum eine Meile von Utica, im Verborgenen halten bis die Feinde erschienen. Dann kehrte Masinissa eben so unbemerkt wieder in sein Lager zurück, begab sich zu Hanno und überredete ihn, mit seiner gesammten Reiterei

---

¹) App. Pun. c. 13; Dio Cass. Fragm. Ed. Dind. p. 105—107.
²) Liv. XXIX, 28. 29,

eine Bewegung gegen Utica zu machen wo möglich in die Stadt selbst einzudringen und den Bürgern bei der drohenden Gefahr Muth einzusprechen; er werde mit seinen Reitern die Nachhut bilden. So geschah es. Hanno, von einer Abtheilung Plänkler geneckt, wird in dem Eifer der Verfolgung in den angegebenen Hinterhalt gelockt und dort mit Uebermacht überfallen. Im entscheidenden Augenblicke wirft Masinissa die Maske ab und fällt den Bedrängten in den Rücken. Tausend mit dem Anführer wurden abgeschnitten, niedergehauen oder gefangen. Andere zweitausend kamen auf der Flucht um. Die ganze Abtheilung war versprengt und Masinissa, mit Scipio vereinigt,[1]) tritt den Karthagern als offener Feind entgegen. In Folge dieses zweifachen Sieges wurde jetzt eine förmliche Belagerung Utica's von der Land- und Seeseite begonnen, Belagerungswerkzeuge und Geschütze von allen Seiten herbeigeführt, um diese Stadt vor dem Wiederanfang der Feindseligkeit dem Feinde zu entreissen und einen Stützpunkt für den nächsten Feldzug zu gewinnen.[2])

Während nun Scipio die Belagerung von Utica mit dem grössten Nachdrucke fortsetzt und gleichzeitig seine Streifereien in das Innere des Landes immer weiter aus-

---

[1]) App. Pun. c. 13; Dio Cass. Fragm. Ed. Dind. p. 105—107; Zon. IX, 11, p. 235. Diese Kriegslist Masinissa's, welche Livius nicht kennt, wird nicht nur indirekt durch Appian bestätigt, Pun. 14, sondern auch durch die Angabe des Zonaras, dass für die Gefangennehmung Hanno's Hasdrubal die Mutter Masinissa's gefangen nahm, welche dann gegen Hanno ausgewechselt wurde, Zonar und Dio a. a. O.

[2]) Liv. XXIX, 34—36; Appian. Pun. 14. 15. Livius und Appian beziehen sich offenbar auf das gleiche Gefecht, dessen Nebenumstände im Einzelnen abweichend erzählt werden, weil Livius von dem Scheinbündniss des Masinissa mit den Karthagern nicht unterrichtet, denselben schon vor dem ersten Gefecht

dehnt, sein Heer mit Beute bereichert und mehrere Städte
erobert, boten die Karthager das Aeusserste auf, um seinem
weitern Vordringen ein Ziel zu setzen. Es war eine an-
sehnliche Flotte ausgerüstet worden; Hasdrubal hatte
durch eine allgemeine Aushebung sein Heer auf 30,000
Mann Fussvolk und 3000 Reiter gebracht, und Syphax,
durch die dringenden Bitten der Karthager bewogen,
rückte mit 50,000 Mann Fussvolk und 10,000 Reitern ins
Feld, in der Hoffnung, mit dieser Uebermacht das Heer
Scipio's zu erdrücken. Das Herannahen dieser bedeutenden Massen hatte nun allerdings die Folge, dass Scipio
nach 40 Tagen vergebener Anstrengung die Belagerung
von Utica aufhob, und weil der Winter herannahte, sein
Lager in unmittelbarer Nähe von Utica auf einem Vorgebirge aufschlug, welches nur durch eine schmale Landzunge mit dem festen Lande zusammenhieng; welche Stellung er durch angelegte Verschanzungen so befestigte, dass
auch das Schiffslager und die Flotte gegen einen Angriff
gesichert war. Zugleich bekam er Waffen, Getreide,
Lebensmittel und Kleider für das Kriegsvolk von Sicilien,
Sardinien und Spanien geschickt, so dass er völlig gesichert dem Wiederbeginn der Feindseligkeiten entgegen-
sehen, und was ihm bei weitem das Wichtigste war, zu
keiner Schlacht gezwungen werden konnte. Seine Haupt-
absicht gieng dahin, den Syphax durch Unterhandlungen
hinzuhalten, um ihn entweder sich geneigt zu machen
oder wenigstens seine Thätigkeit für die Karthager zu
lähmen. Hierdurch kam er den Wünschen des Numider-

---

mit den Römern verbündet denkt, Zonar. IX, 11, p. 235; Dio
Cass. p. 107. Da der Befehlshaber der zweiten Reiterabtheilung
auch Hanno genannt wird, hatten einige das zweite Treffen
bezweifelt. cfr. Liv. XXIX, 35. Der erste war der Sohn Hasdrubals.

fürsten entgegen, welcher gern die Ankunft der karthagischen Söldner abwarten wollte, und immer geneigt, die Rolle des Vermittlers zwischen den kriegführenden Mächten zu übernehmen, als Bedingung vorschlug, dass sich die Römer mit dem Besitz von Spanien und der Inseln begnügen, die Karthager dagegen ihre Heere aus Italien und Ligurien zurückziehen sollten. Wer diese Bedingungen nicht annehmen würde, den würde er gemeinschaftlich mit der andern Parthei bekämpfen.¹) Zugleich suchte er den Masinissa auf seine Seite zu ziehen, indem er ihm die Zurückgabe seines Reiches und eine seiner Töchter zur Ehe versprach, aber zugleich seinen Abgesandten, wenn er nichts ausrichtete, Meuchelmörder zu dingen befahl, um den Masinissa zu ermorden. Aber Treulosigkeit wurde mit Treulosigkeit bezahlt; der Numider nahm das Geld und entdeckte den Anschlag dem Masinissa, und so wurde die versuchte Aussöhnung die Quelle des blutigsten Hasses.²) Unterdessen blieb Scipio, dessen Oberbefehl vom Senat verlängert worden war, auch im Winter nicht müssig. Abgesehen davon, dass er Utica, wenn auch nicht belagerte, doch immer bedrohte und eingeschlossen hielt, setzte er die Unterhandlungen mit Syphax ununterbrochen fort, und da mit Anbruch des Frühlings Hasdrubal und Syphax mit ihren Heeren wieder in die Nähe von

---

¹) Es ist ganz unbegründete Behauptung des Valerius von Antium, dass Syphax selber zu Scipio ins Lager gekommen sei, Liv. XXX, 1. Die reichliche Zufuhr im Lager bestätigt Liv. XXX, 3.

²) Appian. Pun. 17, wenn diess nicht eine Verwechslung mit der frühern Aussöhnung ist, Zon. IX, 12, 234, so ist es neuer Beweis, welche Wichtigkeit auf die Unterstützung Masinissa's gelegt wurde. Uebrigens bestätigt Zonaras IX, 12, 236 die hinterlistigen Anschläge des Syphax.

Utica vorrückten, so wurde der Verkehr zwischen dem römischen und numidischen Lager immer lebhafter.¹)

Das Winterlager der Karthager bestand fast aus-

---

¹) Die Begebenheiten des afrikanischen Feldzugs im ersten Jahre werden nicht von Allen übereinstimmend erzählt. Livius weiss nur von zwei Reitergefechten und der Eroberung von Salaecon und einiger anderer Städte und erwähnt der Mitwirkung des Syphax gar nicht, so wenig als er von dem Verhältniss des Masinissa zu den Karthagern genaue Kenntniss hat. Dagegen erwähnt Appian nur ein Reitergefecht und lässt den Syphax gleich anfangs am Feldzuge Theil nehmen, sich aber aus Zweideutigkeit wieder in sein Reich zurückziehen, welches die Karthager zu neuen Anstrengungen bewegt. Auch erzählt er die Eroberung einer Stadt Locha durch die Römer, wo das Kriegsvolk, nachdem es viel bei der Belagerung gelitten, gegen das Versprechen des Feldherrn, der Besatzung freien Abzug zu gestatten, dieselbe überfällt und niedermacht, welches ein Kriegsgericht und die Hinrichtung von drei Centurionen zur Folge hat. Ausserdem sollen Scipio und Masinissa noch einen Vortheil über Hasdrubal errungen haben, der ihnen einen Hinterhalt gelegt hatte. Dagegen sollte Syphax die Stadt Tholus im Innern des Landes, wo grosse römische Magazine und Vorräthe aller Art waren, erobert und die Besatzung, welche keinen Bedingungen Gehör geben wollte, haben niedermachen lassen. S. Appian 13. 14. 15. 18. Auch über das Folgende, namentlich den Ueberfall des Lagers von Hasdrubal und Syphax, stimmen die Berichte des Livius und Appian nicht überein. Die Ursache ist darin zu suchen, dass Livius offenbar mehr bestrebt ist, die geschickte Kriegsführung Scipio's hervorzuheben und daher Manches übergeht, Appian dagegen mehr beiden Theilen gerecht zu werden sucht, namentlich den afrikanischen Angelegenheiten eine grosse Aufmerksamkeit widmet. Bei Darstellung der Ausführung im Einzelnen verdient Livius' Erzählung unbedingt den Vorzug, da sie fast wörtlich mit Polybius XIV, 1 — 10 übereinstimmt. Liv. XXX, 4—9.

schliesslich aus Bretterhütten, welche in der Eile waren errichtet worden; während die Hütten der Numidier blos aus Rohr und Stroh gebaut und mit Binsenmatten bedeckt waren, in denen das Volk theils innerhalb theils ausserhalb des Lagers seine Unterkunft fand. Scipio, in kluger Voraussicht der Zukunft, hatte den Gesandten, welche er an Syphax schickte, statt der Trossknechte, Hauptleute von bewährter Klugheit und Tapferkeit in gemeiner Sklavenkleidung mitgegeben, welche, während die Gesandten mit den Königen sich unterredeten, überall im Lager herumgiengen, um die Lage und Beschaffenheit des Ganzen, die Anlage der Zelte, die verschiedenen Entfernungen, die Stellung der Wachen und Posten und überall die Gelegenheit auszukundschaften. Durch die häufigen Gesandtschaften wurde bei Syphax die Hoffnung auf einen baldigen Frieden immer mehr befestigt und daher war eine gewisse Nachlässigkeit in dem Lagerdienste eingerissen. Endlich kam eine letzte Erklärung von Seiten Scipio's, seine Gesandten würden nicht mehr zurückkehren, wenn nicht von beiden Theilen, den Karthagern und von Syphax, eine entscheidende Antwort gegeben würde. Während nun Syphax sich mit Hasdrubal berieth und die Forderungen immer höher steigerte, weil er bei Scipio eine grosse Neigung zum Frieden voraussetzte, fand Scipio einen genügenden Vorwand, die Unterhandlungen plötzlich abzubrechen. Diess liess er dem Könige melden und sogleich setzte er seinen Plan ins Werk. Zuerst nun, um bei den Feinden die Meinung zu erwecken, als wenn er die Belagerung von Utica erneuern wollte, mussten die Schiffe mit Wurfmaschinen und Geschützen versehen, in See gehen und sich den Mauern nähern; zugleich besetzen 2000 Mann eine Anhöhe oberhalb der Stadt, sowohl um die Aufmerksamkeit des Feindes abzulenken, als um einem möglichen Ausfall aus der Stadt auf das schwach besetzte Lager zu begegnen, wenn er mit der Masse des Heeres gegen die beiden feindlichen Heere ausgerückt wäre. Dann berief er den Kriegsrath und forderte den Masinissa wie die Hauptleute auf, über alles, was sie erkundet hätten, genauen Bericht abzustatten, und schloss mit der Erklärung, wie er entschlossen sei, in der nächsten Nacht die Feinde zu überfallen, die beiderseitigen Lager in Brand zu stecken und die Heere wo möglich zu vernichten. Zu diesem Entschluss soll er nach Appian durch eine geheime Anzeige eines Numidiers veranlasst worden sein, welcher ihm den Plan der Feinde verrathen hatte, am folgenden Tage das Lager von Utica, das Heer und die Flotte zugleich zu überfallen.[1]) Während diess unentschieden bleiben muss, ist auf jeden Fall unzweifelhaft, dass Scipio schon früher einen solchen Entschluss vorbereitet hatte, den er jetzt ohne Verzug ausführte. Daher liess er sogleich die Reiterei aufbrechen und befahl den Kriegsobersten, mit dem Fussvolk mit Anbruch der Nacht auszurücken, um gegen Mitternacht bei dem etwa drei Stunden entfernten Lager der Feinde anzukommen. Dann beschwor er den Lælius und den Masinissa besonders, dass sie bei der Macht des Zufalls in dem Dunkel der Nacht die grösste Vorsicht anwenden sollten. Er werde den Hasdrubal und das punische Lager angreifen, aber nicht eher, als bis er das Feuer im Lager des Königs gesehen. Und nun schritt er zur That. Lautlos bewegte sich der Zug durch die finstere Nacht. Plötzlich stieg eine Feuersäule aus den numidischen Strohhütten empor und mit Blitzesschnelle verbreitete sich die Flamme über das ganze Lager, so dass zuletzt das Ganze wie ein wogendes Flammenmeer erschien. Aber weil die Numidier das Feuer zufällig entstanden glaubten, waren sie nur darauf bedacht, dasselbe

---

[1]) Appian. Pun. 18. 19.

zu löschen, stiessen unbewaffnet auf die Feinde und wurden niedergehauen. Auch die Karthager in dem gleichen Wahn befangen, eilten aus dem Lager herbei zu Hülfe. In diesem Augenblicke liess Scipio zum Sturme blasen, die Thore stürmen und die mitgebrachten Fackeln in die Zelte werfen. Auch hier griff die Flamme schnell weiter um sich, so dass alle Vertheidigung unmöglich wurde. Ein furchtbares Blutbad entstand, und was das Schwert verschonte, fand seinen Tod in den Flammen. Ueber 40,000 sollen in diesem nächtlichen Ueberfall umgekommen sein; was aus dem Lager floh, fiel den vorausgeschickten Reitern in die Hände; nur die Anführer konnten kaum mit 2000 Mann Fussvolk und 500 Reitern entrinnen, die übrigen wurden gefangen oder zerstreuten sich auf der Flucht.[1])

---

[1]) Appian Pun. 19—23 weicht auch in der Darstellung dieses nächtlichen Ueberfalls wesentlich von Livius und Polybius ab. Zuerst betrachtet er den ganzen Plan als einen Entschluss der Verzweiflung, weil ein Ueberfall der Feinde für den folgenden Tag angekündigt worden sei. Dann lässt er den Angriff ausschliessend auf das Lager des Hasdrubal gerichtet sein, weil Scipio von Syphax als einem feigen Barbaren gar keinen Widerstand erwartet habe. Dann erwähnt er der Feuersbrunst nur gelegentlich, während nach Polybius gerade auf die Brennbarkeit der afrikanischen Baracken das Gelingen des ganzen Planes gebaut war, wie auch Zonaras diesen Umstand als entscheidend anführt, wiewohl auch er den Angriff zuerst auf das karthagische Lager gerichtet denkt. Zon. IX, 11, 236. Der Plan war mit solcher Klugheit entworfen und mit solcher Besonnenheit und Pünktlichkeit ausgeführt, dass Polybius Recht hatte, zu sagen: πολλῶν καὶ καλῶν διειργασμένων Σκιπίωνι κάλλιστον εἶναί μοι δοκεῖ τοῦτο τοὖργον καὶ παραβολώτατον τῶν ἐκείνῳ πεπραγμένων.

Nach dieser Niederlage war Hasdrubal nach einer benachbarten Stadt Anda geflohen, um die Flüchtlinge zu sammeln; da er aber die Gesinnungen der Bürgerschaft nicht für zuverlässig fand, verliess er sie bald wieder worauf sie dann mit mehreren andern den Römern in die Hände fiel. Hasdrubal eilte nun nach Karthago, wo die Nachricht von dem unglücklichen Ausgange der Schlacht ungeheure Bestürzung verbreitet hatte. Schon glaubte man den Scipio vor den Thoren von Karthago und einige meinten, man müsse Gesandten wegen eines Waffenstillstandes an ihn schicken, andere man solle den Hannibal zur Beschützung der Vaterstadt zurückrufen. Aber die Männer der barcinischen Parthei setzten es durch, dass die Fortsetzung des Krieges und die Ausrüstung eines neuen Heeres beschlossen werde und dass Syphax zur Erneuerung des Kriegs durch Gesandte aufgefordert werden sollte. Dieser hatte ungefähr zwei Meilen von dem Schlachtfeld eine feste Stellung genommen und war mit der Ergänzung seines Heeres beschäftigt. Ihn trieb nicht nur die Scham über die schimpfliche Niederlage, sondern namentlich die Bitten der Sophonisba, welche mit Thränen ihn beschwor, ihren Vater und ihr Vaterland nicht in solcher Noth zu verlassen. Den Ausschlag gaben 4000 celtiberische Söldner, welche gerade in diesen Tagen aus Spanien angekommen und durch das Gerücht zu einem beträchtlichen Heere vermehrt, den gesunkenen Muth wieder belebten. Daher nach nicht langer Zeit Hasdrubal und Syphax wieder mit einem Heere von 30,000 Mann im Felde erschienen.[1])

Scipio, welcher in der Voraussetzung, dass in der

---

[1]) Appian 24 folgt auch hier wieder andern Quellen als Livius XXX, 6 und Polybius XIV, 6; nach ihm wäre Hasdrubal von dem Volke zum Tode verurtheilt worden und hätte seit

nächsten Zukunft der Feind nichts weiter unternehmen würde, zur Belagerung von Utica zurückgekehrt war, wurde nicht sobald von der Herannäherung der Karthager benachrichtigt, als er dem Feinde entgegenzog und nur einen kleinen Theil des Heeres zurückliess, damit die Einschliessung nicht unterbrochen würde. Am fünften Tage erreichte er den Feind in der grossen Ebene und vier Tage später war auch dieses ganze Heer geschlagen. Es wäre vernichtet worden, wenn nicht die Celtiberer, welche das Mitteltreffen bildeten, durch ihren hartnäckigen Widerstand, denn sie durften wegen ihrer Treulosigkeit auf keine Schonung hoffen, dem Syphax und den Hasdrubal Zeit gegeben hätten zu entfliehen.[1]) Hasdrubal wendete sich mit den Trümmern des geschlagenen Heeres nach Karthago, Syphax kehrte nach seinem Reiche zurück. Diesen rastlos zu verfolgen und ihm keine Zeit zu gönnen, wieder ein Heer zusammen zu bringen, war nicht nur der Gedanke Masinissa's, seines Nebenbuhlers, sondern auch des Oberfeldherrn, der den Lælius mit dem dritten Theil des Heeres zu dem Numiderfürsten stossen liess. Er selbst mit dem übrigen Heere rückte in das Innere des

---

dieser Zeit den Krieg auf eigene Hand geführt, indem er aus den Flüchtlingen, Numidiern, befreiten Sclaven und entlaufenen Verbrechern ein Heer von 8000 Mann Fussvolk und 3000 Reitern gebildet; welches auf jeden Fall erst später geschehen sein kann, da Livius den Hasdrubal ausdrücklich erwähnt, auch Polybius keine Aenderung des Oberbefehls bemerkt, sondern namentlich den Hasdrubal nennt.

[1]) Polyb. XIV, 8; „die Μέγαλα πέδια campi magni" wahrscheinlich in der Nähe des Bagradas zu suchen. Liv. XXX, 8. Appian, der die Schlacht nicht erzählt, reiht unmittelbar an den nächtlichen Ueberfall den Angriff auf die Flotte. Dagegen Zonaras darauf die Niedermetzelung der Iberer folgen lässt, IX, 12 p. 237.

Landes vor, wo sich ihm viele Städte freiwillig unterwarfen. Dadurch wurde die Bestürzung in Karthago immer grösser und Viele verzweifelten an einem glücklichen Erfolg. Dennoch wussten es die Muthigsten durchzusetzen, dass die Flotte herbeigezogen wurde, um durch einen unvorhergesehenen Angriff die feindlichen Schiffe zu zerstören und die Römer zur Aufhebung der Belagerung von Utica zu zwingen. Zugleich solle man den Hannibal zurückrufen, die Stadt befestigen und sich auf eine Belagerung vorbereiten. Endlich solle man über die Friedensbedingungen sich berathen und auf jede Weise die drohenden Gefahren zu beseitigen suchen.[1]) Scipio hatte die gemachte Beute und alle Gefangenen nach Utica geschickt, und Tunes, ungefähr sechs Wegstunden von Karthago, besetzt, von wo eine weite Aussicht über das Meer bis in den Hafen von Karthago sich eröffnet, als er grosse Bewegung bei der feindlichen Flotte bemerkte und sogleich ihre Absicht errathend, schnell Eilboten nach Utica vorausschickte und selbst in Eilmärschen dieselbe Richtung verfolgte. Um nun das Belagerungs-Geschwader sicher zu stellen, liess er die Kriegsschiffe zunächst dem Lande sich vor Anker legen, dann stellte er vier Reihen von Lastschiffen, gleichsam eben so viel Verschanzungslinien, davor, welche er durch Mastbäume und Segelstangen, die er hatte abnehmen lassen, und starke Taue so an einander befestigte, dass sie wie eine undurchdringliche Mauer erschienen. Dann überdeckte man sie mit Bohlen, dass man leicht von einem Schiffe zum andern gelangen konnte, liess jedoch unter den Brücken Zwischenräume, durch welche die Wachtschiffe hervorbrechen und sich wieder zurückziehen konnten. Ausserdem wählte er etwa 1000 Vertheidiger aus, welche mit Wurfgeschossen reichlich versehen, diese

---

[1]) Polyb. XIV, 8. Liv. XXX, 9.

Linie von zusammengekoppelten Lastschiffen, wie eine Verschanzung vertheidigen sollten. Am folgenden Tage erschien endlich die karthagische Flotte, stellte sich dem Hafen gegenüber in Schlachtordnung und nachdem sie lange vergebens gewartet hatte, fuhr sie endlich gegen die römische Schlachtlinie heran, wo sich ein Kampf entspann, der mehr einem Sturm gegen eine Mauer, als einem Seegefecht glich. Die Lastschiffe hatten höhern Bord, daher die Geschosse von oben herab mit gewaltiger Wucht und grösserer Sicherheit auf die Gegner herabgeschleudert wurden. Dagegen die Wachtschiffe, welche unter den Brücken hervor gegen die feindliche Flotte segelten, sich wenig brauchbar erwiesen, weil sie von den gewaltigen Kolossen der Kriegsschiffe abprallten und noch dazu durch ihr Dazwischenkommen die Wirkung ihrer eigenen Geschosse lähmten. Daher sie bald aus dem Gefechte zurückgezogen wurden. Das Gefecht blieb unentschieden, bis die Karthager Balken mit eisernen Haken auf die Lastschiffe schleuderten, wodurch diese an die feindlichen Schiffe angekettet, so wie jene zurückfuhren, mit fortgezogen wurden, die Taue zerrissen und die ganze erste Linie der Lastschiffe so erschüttert wurde, dass die Vertheidiger mit genauer Noth auf die zweite Linie sich zurückziehen konnten. So wurden etwa sechs der Lastschiffe von den Karthagern ans Schlepptau genommen und in den Hafen von Karthago eingebracht. Die Freude über diesen geringen Erfolg wurde nur dadurch getrübt, weil es offenbar war, dass, wenn die Karthager nicht unnöthiger Weise gezaudert hätten, die ganze römische Flotte hätte vernichtet werden könnten.[1]

---

[1] Liv. XXX, 9. 10; Polyb. XIV, 10; Appian Pun. 25; Zon. IX, 12, p. 237 lässt das Gefecht zwei Tage andauern und scheint den Verlust höher anzuschlagen.

Unterdessen hatten Lælius und Masinissa ihren Marsch gegen Mauretanien fortgesezt und waren am fünfzehnten Tage an den Grenzen von Syphax Reiche angelangt. Hier wurde Masinissa von den Mäsuliern, seinen ehemalien Unterthanen mit Freuden empfangen, die Beamten des Syphax wurden verjagt, seine Besatzungen vertrieben und derselbe auf die alten Grenzen seines Reiches zurückgeführt. Dadurch noch mehr gegen seinen Nebenbuhler ergrimmt, und von seiner Gattin und seinem Schwiegervater mit Bitten bestürmt, war er zum kräftigsten Widerstand entschlossen. Der blühende Zustand seines Reiches, die Menge der Hülfsquellen, Männer und Rosse im Ueberfluss hätten auch einem weniger rohen Gemüthe Vertrauen einflössen können. Daher bot er alle dienstfähige junge Mannschaft auf, versah sie mit Rossen, Waffen und Geschossen, theilte sie in Rotten und Geschwader ein, wie er von römischen Exerciermeistern gelernt hatte, und erschien mit einem ebenso zahlreichen Heere wie vorher im Felde. Aber freilich fehlte es den Neuangeworbenen an aller kriegerischen Uebung und Fertigkeit. Dennoch schlug er sein Lager in der Nähe des Feindes auf. Hier begannen zuerst kleine Scharmützel; um sich im Kampfe zu versuchen, brachen einzelne Reiter hervor, schleuderten ihre Wurfgeschosse ab und von den Feinden zurückgewiesen, sprengten sie zu den Ihrigen zurück, bis bei wechselndem Erfolg die Kampflust wuchs und Schaam, Zorn und Rache die Gemüther mehr und mehr erbitzten. Endlich war die ganze Reiterei in das Gefecht verwickelt und der ungeheure Schwarm der wilden Numidier hätte die an Zahl viel schwächeren Gegner erdrückt, wenn nicht im entscheidenen Augenblick das römische Fussvolk in die Linie eingerückt und dem Ungestüm der Barbaren in festgeschlossenen Gliedern begegnet wäre. Als daher die römischen Fahnen und der Adler den Feinden sichtbar wurden und die Legion im Sturmschritt alles vor sich niederwarf, da verschwand das tolle Vertrauen der wilden Horden und Alles löst sich auf in eine wilde Flucht. Während nun Syphax sich dem Strom der Fliehenden entgegenstellt, sie ermahnt, bittet, beschwört und mit Gewalt zurück zu halten sucht, ja, wie von einer Seite gemeldet wird, mit kühner Vermessenheit den Zweikampf mit Masinissa selber zu bestehen wagt, wird sein Ross durch einen Lanzenstich verwundet, bäumt sich auf, der König stürzt, wird gefangen und unter lautem Hohn und Jubel in das feindliche Lager abgeführt.[1]

Der Gefangennehmung des Königs folgte unmittelbar die Eroberung des Reichs. Masinissa hatte sich von Lælius die Erlaubniss ausgewirkt, mit der gesammten Reiterei und dem gefangenen König vorauseilen zu dürfen, um jeden Widerstand zu brechen. Nach Cirta (Constantine), der Hauptstadt des Königreichs, strömten die Flüchtlinge vom platten Lande, dorthin eilte auch Masinissa mit seiner fliegenden Reiterschaar und forderte die bestürzten Einwohner zur Uebergabe auf. Aber keine Versprechungen, keine Bitten oder Drohungen konnten die treuen Bürger zum Abfall bewegen, bis der Anblick des gefesselten Königs allen Muth zum Wiederstande brach und Schmerz, Furcht und Verzweiflung die Thore öffneten. Diese wurden sofort von Masinissa's Reitern besetzt, damit Niemand entrinnen könnte, während Masinissa selber geraden Wegs nach dem königlichen Palaste ritt, wo ihm die Königin Sophonisba mit dem Ausdrucke des tiefsten Schmerzes entgegenkam, ihm zu Füssen fiel

---

[1] Liv. XXX, 12; Appian Pun. 26; Sil. Ital. XVII, 125. Nach Ovid. fand die Schlacht am 24. Juni statt. Ov. Fast. VI, 769. An demselben Tage hatte vier Jahre vorher am Metaurus Hasdrubal Schlacht und Leben verloren.

und ihn flehendlich bat und beschwor, sie nicht in die Gewalt der Römer kommen zu lassen. Sie strahlte im vollen Reiz blühender Jugend; Schaam und Demuth verklärten die edlen Züge, und die Erinnerung an die Vergangenheit, wie an die Gegenwart übten einen unwiderstehlichen Zauber auf den früheren Geliebten. Er vergass Hass, Feindschaft, Rom, den Krieg, Alles und versprach sie zu schützen. Um sein Wort zu lösen, schien augenblickliche Vermählung mit der Gefangenen der einzige Weg; der Entschluss, kaum gefasst, wurde sofort ausgeführt, und Lælius fand bei seiner Ankunft die Vermählung bereits vollzogen. Darüber hocherzürnt, wollte er die Gefangene sogleich mit Syphax zum Scipio schicken und nur die Bitten des Masinissa, die Entscheidung über das Schicksal der Königin dem Oberfeldherrn anheimzustellen, konnten einen kurzen Aufschub bewirken. Als der gefangene König mit seiner Begleitung im römischen Lager ankam, entstand ein allgemeiner Auflauf; die Grösse der errungenen Erfolge trat jetzt erst allen lebendig vor die Seele, da an die Person des Königs so viele Hoffnungen und Befürchtungen geknüpft waren. Dieser selbst aufs Tiefste gedemütbigt und von Zorn, Hass, Liebe und Eifersucht gequält, klagte weniger sich selbst, als die Sophonisba als die Urheberin seines Abfalls und seines Treubruchs an und steigerte dadurch Scipio's Argwohn und seinen Unwillen über den übereilten Schritt Masinissa's. Er liess ihm daher in das Innere seines Zeltes kommen und suchte ihn das Ungesetzliche seines Schrittes begreiflich zu machen, da alles Eigenthum des Syphax dem Machtgebot des römischen Volks unterliege. Masinissa durch das Gefühl seiner Schuld beschämt, vergoss einen Strom von Thränen und indem er seine Unterwerfung unter den Willen des Senats erklärte, bat er nur ihm behülflich zu sein, sein gegebenes Wort zu lösen.

Dann in sein Zelt zurückgekehrt, hatte er einen ungeheuren Kampf zwischen seiner Liebe und seiner Pflicht zu bestehen, bis er endlich nach einem tiefen Seufzer seinen vertrauten Sklaven berief, der nach orientalischer Sitte das Gift unter seiner Aufsicht hatte, und ihm befahl, der Sophonisba den Giftbecher zu überreichen mit dem Auftrag: »Da er ihr auf keine andere Weise seine Liebe als Gatte beweisen könne, so wolle er ihr wenigstens die Gelegenheit bieten, ihre Freiheit gegenüber den Römern zu bewahren.« Sie erwiederte: »Gern nehme ich das Hochzeitgeschenk an, wenn der Gatte der Gattin kein anderes bieten konnte. Nur das eine hätte ich gewünscht, dass ich mich nicht noch kurz vor meinem Tode vermählt hätte.« Darauf trank sie den Giftbecher mit grösster Ruhe aus. Masinissa zeigte den entseelten Leichnam den Römern, die um ihres Todes sich zu versichern gekommen waren, und hielt ihr ein königliches Begräbniss. Auf diese Nachricht entstand bei Scipio die Besorgniss, der leidenschaftliche Fürst möchte noch Aergeres über sich beschliessen. Daher berief er am folgenden Tage eine Versammlung, begrüsste den Masinissa als erklärten König von Numidien, erhob seine Thaten mit überschwenglichem Lobe, beschenkte ihn mit einer goldenen Krone, einer goldenen Opferschale, mit dem Thronsessel und dem elfenbeinernen Herrscherstabe, dem gestickten Oberkleide und dem Unterkleide mit Palmblättern. Zugleich erklärte er die Bedeutung dieser Geschenke, welche alle Abzeichen des Triumphes wären und der höchsten Auszeichnung, welche ein Römer erhalten konnte und deren das römische Volk allein den Masinissa würdig geachtet hätte. Endlich richtete er seinen Geist noch durch die Hoffnung auf, nach dem Untergange des Syphax Herrscher des gesammten Numidiens zu werden. Die Ereignisse des Kriegs hinderten ihn ohnedem seinem Schmerz und dumpfen Hinbrüten sich zu überlassen und so kehrte er, wenn nicht versöhnt, doch gehorsam ins römische Lager zurück.[1])

Wenn im römischen Heere durch die Gefangennehmung des Königs Syphax das Siegesvertrauen eine mächtige Stütze erhielt, so verwandelte sich in Karthago die kurze Freude über den kleinen Erfolg zur See in die grösste Bestürzung. Sie hatten auf die Macht des Königs der Numidier fast mehr als auf die eigene Kraft gezählt. Daher wurden die Freunde des Kriegs jetzt nicht mehr gehört, sondern die Mehrheit drang darauf, dass der engere Rath der dreissig Aeltesten in das Lager des Scipio geschickt würde, um über den Frieden zu unterhandeln. Diese warfen sich beim Eintritt ins Feldherrnzelt dem Scipio zu Füssen, und indem sie alle Schuld von sich abwälzten und Alles dem Hannibal und seiner Parthei zur Last legten, baten sie in den demüthigsten Ausdrücken um Frieden und Schonung. Scipio, wiewohl mit der vollen Gewissheit des Sieges, erklärte sich nicht abgeneigt, Frieden zu schliessen, stellte aber folgende Bedingungen: Erstens sollten die Karthager alle Gefangenen, Ueberläufer und entlaufene Sklaven zurückgeben; zweitens ihre Heere aus Gallien (Oberitalien) und Unteritalien zurückziehen; drittens Spanien nicht wieder betreten; viertens alle Inseln zwischen Italien und Afrika verlassen;

---

[1]) Liv. XXX, 12—16; Appian Pun. 26—28; Diodor XXVII, p. 378 sqq.; Dio Cass. Fragm. p. 108 Dind.; Zonar. p. 238. 239. Appian weiss von einer geheimen Gesandtschaft der Sophonisba an Masinissa zu erzählen, um die Verheirathung mit Syphax durch den Zwang zu rechtfertigen. Lächerlich. Diodor scheint sie sich als früher dem Masinissa vermählt zu denken. Beide Angaben sind grundlos; nur verlobt war die Sophonisba dem Masinissa gewesen.

fünftens alle Kriegsschiffe bis auf zwanzig ausliefern; sechstens von Weizen 500,000, von Gerste 300,000 Scheffel liefern; endlich 5000 Talente zahlen. »Ich gebe euch,« fügte er hinzu, »drei Tage Bedenkzeit. Wollt ihr Frieden, so müsst ihr einen Waffenstillstand mit mir schliessen und Gesandte nach Rom schicken.« Die Karthager waren entschlossen, auf alle möglichen Bedingungen einzugehen, weil sie nur Zeit zu gewinnen suchten, bis Hannibal und Mago aus Italien zurückkämen. Daher schickten sie zu gleicher Zeit Gesandte nach Rom an den Senat und wiederum an Scipio, um den Waffenstillstand abzuschliessen und brachten zugleich eine Anzahl Gefangene und Ueberläufer mit, Alles zum Schein, als wäre ihnen daran gelegen, den Feldherrn günstiger für den Frieden zu stimmen. So sahe wenigstens der römische Senat die Sache an, als die karthagischen Gesandten endlich im Spätherbst in Rom eintrafen und die Bitte um Frieden mit den oft wiederholten Entschuldigungen erneuerten. Anfangs konnten sie weder Erlaubniss, in die Stadt zu kommen, noch Zutritt vor den Senat erhalten, weil es gegen die Sitte der Römer sei, mit einem Feinde zu unterhandeln, so lange er noch einen Fuss auf italienischen Boden setze. Später erhielten sie in dem Tempel Bellona vor der Stadt Gehör, weil sie noch immer als Feinde angesehen wurden. Uebrigens war der Senat in seinen Meinungen sehr getheilt, weil die Rückkehr Mago's und Hannibals Vielen sehr bedenklich schien. Daher wurden die Gesandten mit grossem Misstrauen empfangen und da ohnedem Scipio als der geeignetste Friedensunterhändler erschien, wurden die Karthager mit dem Bescheid entlassen, dass der römische Senat und das Volk auf die gestellten Bedingungen zum Abschluss des Friedens geneigt sei, aber es müsse mit Scipio persönlich über die Ausführung der verschiedenen Bestimmungen unterhandelt werden.[1] Dagegen wurden die Abgesandten Masinissa's mit ausgezeichneten Ehrenbezeugungen empfangen. Alles was ihm Scipio bewilligt hatte, wurde bestätigt. Er wurde feierlich als König des gesammten Numidiens anerkannt. Ausserdem erhielt der Prætor den Auftrag, dem König zwei purpurne Kriegsmäntel mit goldenen Spangen und Untergewänder mit breitem Purpurstreif zu schicken; ferner zwei völlig aufgezäumte Rosse, zwei Ritterrüstungen und Harnische, nebst Zelten und allem Zubehör, wie für die Consuln. Auch wurden ihm aus der Zahl der numidischen Gefangenen die angesehensten unentgeldlich zurückgegeben. Die Gesandten erhielten 5000 Ass, ihre Begleiter 1000, und eben so viel die freigegebenen Gefangenen. Ausserdem erhielten die Gesandten wie gewöhnlich freie Wohnung, freien Aufenthalt und Bewirthung.[2]

---

[1] Liv. XXX. 16. 17. 22. 23. Appian. Pun. 31. 32. Zonaras IX, 13. p. 240. Dio Cass. ed. Dind. p. 109. Livius ist ungewiss, ob 5000 Talente oder 5000 Pfd. Silber oder ein doppelter Sold für das Heer gefordert worden sei. Endgültig werden 10000 Talente Silber, in 50 Jahren zu entrichten, festgesetzt. Polyb. XV, 18. Appian giebt irriger Weise nur 1600 Talente an. Pun. 32, ebenderselbe fügt zu den Friedensbedingungen noch hinzu, dass die Karthager keine Söldner mehr halten und ihre Grenzen auf den Punischen Graben beschränken sollten. Dagegen giebt er die Zahl der Schiffe, die sie halten dürfen, auf 30 anstatt auf 20 an, lauter unwesentliche Bestimmungen, welche bei dem endgültigen Abschluss des Friedens doch nicht mehr vorkommen. Zonar. IX, 14. 240. u. Dio Cass. p. 109 Dind. sagen fälschlich, dass die Karthager sogleich alle Gefangenen zurückgegeben hätten, während Livius XXX, 16, 15 bestimmt sagt, sie hätten der Gesandtschaft nach Rom nur einige gefangene Ueberläufer und Sclaven zum Schein mitgegeben, um desto leichter den Frieden zu erhalten.

[2] Liv. XXX, 17.

Indessen zeigte sich bald, wie wenig Ernst es den Karthagern mit der Bitte um Frieden gewesen war. Denn zugleich mit der Gesandschaft nach Rom hatten sie Abgeordnete an Mago und Hannibal geschickt, um sie zur schleunigen Rückkehr nach Afrika und zur Vertheidigung des Vaterlandes aufzufordern.[1]) Dem Mago kam der Befehl erwünscht, weil er kurz vorher den Römern eine Schlacht geliefert hatte, geschlagen und schwer verwundet worden war. Er starb auf der Rückfahrt. Hannibal dagegen, den sie zum Oberfeldherrn ernannt hatten und durch Hasdrubal, den Befehlshaber der Flotte, zur Rückkehr hatten auffordern lassen, gehorchte nur mit dem grössten Widerstreben. Mit Zähneknirschen und Verwünschungen vernahm er die Aufträge des Senats, den er als den Urheber seines Missgeschicks betrachtete. Auch fürchtete er ebenso den wetterwendischen Sinn des Volkes, wie die Ränke der Gegenparthei im Rath. In seinem ohnmächtigen Grimme begieng er noch Handlungen der empörendsten Grausamkeit. Da die Bruttier in dem Gefühl, dass Hannibals Macht gebrochen sei, schon vorher vielfach zu den Römern abgefallen waren, so sendete er jetzt den Hasdrubal in die Städte, in denen noch karthagische Besatzungen lagen, gleichsam um das Kriegsvolk zu mustern. Dieser, so wie er in eine Stadt kam, befahl den Einwohnern, mit Weib und Kind und allen ihren Habseligkeiten, die sie fortbringen konnten, auszuwandern; alles übrige wurde von dem Kriegsvolk geplündert. Dadurch entstanden Empörungen der Einwohner; die Besatzungen wurden überfallen und Mord, Brand und Gräuel aller Art schändeten den Abzug der Karthager. Noch mehr, als er im Begriff war, sein Heer einzuschiffen, stellte er seinen italienischen Bundesgenossen scheinbar

---

[1]) Liv. XXX, 19, 22, 23.

frei, ob sie ihm nach Afrika folgen wollten oder nicht.
Aber Alle, die sich weigerten, liess er umzingeln, und nachdem
er den Karthagern erlaubt hatte, sich jeder einen Sklaven
aus ihnen zu wählen, liess er die Uebrigen schonungslos
niedermachen, ohne Rücksicht auf die Heiligkeit des Tempels der lacinischen Juno, wohin sie ihre Zuflucht genommen hatten. Selbst Pferde und Zugvieh wurden abgeschlachtet und verstümmelt, damit die Feinde keinen
Nutzen davon hätten. So sollen gegen 20,000 Menschen,
3000 Pferde und grosse Viehheerden unsinniger Wuth
geopfert worden sein.[1])

Endlich im sechszehnten Jahre nachdem er den Boden
Italiens betreten hatte, verliess er den Schauplatz seiner
Siege und seines Ruhms. Jetzt klagte er sich selbst an,
dass er sein Glück nicht besser zu benutzen verstanden,
stiess Verwünschungen gegen Menschen und Götter aus
und sandte wüthende Blicke nach der Küste, von welcher
ihn Ruder und Segel immer weiter entfernten. Da er
sich der Küste von Afrika näherte, fragte er den Lotsen,
was er in Sicht habe. »Ein zerstörtes Grabmal,« war
die Antwort. Unwillig wandte er sich ab, und die Flotte
gieng bei Leptis vor Anker.

Wenn die Rückkehr Hannibals für die Karthager
geradezu eine Aufforderung zur Fortsetzung des Kriegs
war, so hatten sie schon vorher den abgeschlossenen Waffenstillstand auf schmähliche Weise verletzt. Nach der
Gefangennehmung des Königs Syphax hatten sie seinen
Schwiegervater, den unglücklichen Feldherrn Hasdrubal,
nicht nur seiner Würde entsetzt, sondern auch zum Tode

---

[1]) Liv. XXX, 20. Appian. b. Hann. 58—60. Diod. XXVII,
p. 880. Bip. Zonar. IX, 13. 240. Corn. Nep. Hann. 6. nach Appian.
Pun. 33, landete er bei Adrumetum.

verurtheilt. Doch dieser, nicht gewillt der Laune des Volks zum Opfer zu fallen, hatte die zerstreuten Flüchtlinge um sich versammelt, Numidier angeworben, entlaufene Verbrecher und Menschen aller Art an sich gezogen und auf diese Weise ein Heer von 8000 Mann Fussvolk und 3000 Reitern zusammengebracht, mit welchem er den Krieg auf eigene Faust führte und durch Streifzüge und Plünderungen sich und seine Mannschaft erhielt. Darauf, als die Karthager den Hanno, des Bomilkar Sohn, an seine Stelle zum Feldherrn ernannt hatten, trat er mit diesem in Unterhandlung und verlangte die Theilung des Oberbefehls, indem er ihn hoffen liess, dass durch Bestechung der Spanier, die in Scipio's Heere dienten, dessen Lager in Brand gesteckt werden könne, wozu er seine Mitwirkung versprach. Hanno war scheinbar auf diesen Vorschlag eingegangen, befolgte seinen Rath und wusste in der That durch Bestechung eine Anzahl Spanier in Scipio's Lager für seinen Plan zu gewinnen. Schon war der Tag zur Ausführung des Anschlags festgesetzt, als Scipio durch die Opferbeschauer gewarnt und namentlich auf den Rath der Mutter Masinissa's, welche als eine Seherin angesehen wurde, eine Untersuchung angestellt und nach Entdeckung der Verschwörung die Schuldigen hinrichten und ihre Leichname vor das Lager werfen liess. Diess war dem Hanno gemeldet worden, daher er an dem festgesetzten Tage nicht erschienen war. Hasdrubal dagegen war erst durch den Anblick der Leichname von dem Scheitern des Planes unterrichtet worden. Aber seine Annäherung zu dem Lager Scipio's wurde ihm als Verrätherei ausgelegt und seitdem war er den Karthagern noch mehr verhasst. Dennoch behauptete er sich mit seiner Heeresabtheilung, so dass Hannibal darauf antrug, ihn zu begnadigen, worauf er sein Heer demselben übergab und sich, um der Rache des Volkes zu entgehen, im Verborgenen hielt.¹) Noch einer weit schreiendern Verletzung des Waffenstillstandes machten sie sich später schuldig. Es wurde dem Scipio von Sardinien Mundvorrath geschickt und die ersten 100 Lastschiffe waren unter einer Bedeckung von 20 Kriegsschiffen in Afrika glücklich angelangt. Es folgte eine zweite Sendung von 200 Lastschiffen mit einer Bedeckung von 30 Kriegsschiffen, welche in der Nähe der afrikanischen Küste vom Sturme überrascht grösstentheils an die Insel Aegimurus verschlagen wurden, welche quer vor dem Golf von Karthago liegt, ungefähr sechs Meilen von der Stadt. Andere wurden bis in die Nähe der Stadt getrieben. Alsbald entstand ein Auflauf: das Volk verlangte ungestüm, eine solche willkommene Beute nicht aus den Händen zu lassen. Vergebens, dass verständige Männer an den geschlossenen Waffenstillstand, an die Friedensunterhandlungen erinnerten, die Leidenschaft des Volkes erhielt die Oberhand und Hasdrubal erhielt den Auftrag, mit einer Flotte von 50 Schiffen die zerstreuten Lastschiffe aufzusuchen, und sie am Schlepptau nach Karthago zu bringen.

Scipio, durch diesen Friedensbruch im höchsten Grade erzürnt, schickte sogleich Gesandte nach Karthago, um beim Rathe Beschwerde zu führen. Es fehlte nicht viel, so

---

¹) Wiewohl nur Appian. Pun. 24, 29, 30; 38 diese Episode von Hasdrubal hat, so wird sie doch theilweise durch Zonaras IX, 12. p. 237 u. 241 bestätigt und ist nicht deswegen zu bezweifeln, weil Livius derselben nicht erwähnt. Auch sein tragisches Ende kann nicht blosse Erdichtung sein, sondern charakterisirt die blinde Leidenschaft des karthagischen Pöbels, welcher den Hasdrubal, nachdem er sich in sein Familienbegräbniss eingeschlossen und Gift genommen hatte, noch im Tode verfolgte, seinen Leichnam verstümmelte und seinen Kopf auf einer Stange durch die Stadt trug.

wären sie von dem erbitterten Pöbel gemisshandelt und das Völkerrecht auch an ihnen verletzt worden. Daher erbaten sie sich freies Geleit für die Rückkehr. Sie erhielten auch wirklich zwei Dreiruderer, welche sie bis an den Fluss Bagradas begleiteten, von wo aus das römische Lager gesehen werden konnte. Aber kaum waren die beiden Schiffe umgekehrt, als bei der Fahrt um das Vorgebirge der römische Fünfruderer von drei karthagischen Vierruderern angegriffen wurde, dass sich die Römer nicht anders retten konnten, als dass sie ihr Schiff auf den Strand laufen liessen, wodurch wenigstens ein Theil der Mannschaft und die Gesandten gerettet wurden. Es ist ungewiss, ob Hasdrubal diess auf eigene Hand gewagt, oder ob er von Karthago aus aufgefordert worden war, denn er lag mit der Flotte bei Utica vor Anker. Kurz darauf kam Laelius mit den karthagischen Gesandten von Rom zurück. Scipio hätte das Wiedervergeltungsrecht üben können, aber grossmüthig erklärte er, dass die Person der Gesandten nach römischen Sitten heilig und unverletzlich sei, und entliess sie ungekränkt nach Hause. Aber die Friedensunterhandlungen hatten sich zerschlagen und jetzt begann aufs Neue der Krieg.[1])

---

[1]) Ueber die zweite Verletzung des Waffenstillstandes siehe Polyb. XV, 1. 2. 3. Dio Cass. p. 109. Dind. Zonar. IX, 14. p. 240. Diodor. XXVII. p. 380. App.Pun. 24. Liv. XXX, 24, 25. Appian erzählt, der Senat in Rom, von der Treulosigkeit der Karthager benachrichtigt, habe den karthagischen Gesandten befohlen, Italien zu verlassen, und diese seien durch Sturm in das Lager Scipio's verschlagen worden. Endlich habe das karthagische Volk, wegen der schlechten Führung des Kriegs auf die Vornehmen erbittert, den Frieden verworfen und Hannibal mit seinem Heere herbeigerufen. Nach Polybius erbitterte sie besonders der Freimuth der römischen Gesandten, welche Genugthuung

Italien freilich war durch die Drangsale des Kriegs nicht unmittelbar bedroht. Seit der Einschiffung der Karthager zehrte nicht mehr fremdes Kriegsvolk an dem Mark des Landes, noch zerstampften die Hufe numidischer Rosse die Saaten, und die Söhne des Landes wurden nicht zum Kriegsdienst für den Feind gezwungen. Aber so lebhaft auch das Volk die Segnungen des Friedens empfand, so wenig konnte diess Gefühl die Sorge verscheuchen, welche die Landung Hannibals in Afrika in Rom erzeugte. In Italien war der karthagische Feldherr nicht mehr furchtbar gewesen. Auf einen Winkel von Bruttium beschränkt, konnte er dem römischen Staate keine Gefahr mehr bringen.[1]) Aber eben derselbe mit dem Kern seines Heeres, mit den im Waffendienst ergrauten Veteranen, mit den kriegserfahrnen und mit Hass gegen Rom erfüllten Italikern in seinem Vaterlande angelangt, durch die reichen Hülfsquellen Karthago's und der numidischen Hülfsvölker unterstützt, war er ein furchtbarer Gegner, dem Scipio nur ein mässiges Heer von kaum 30,000 Mann entgegenstellen konnte. Allerdings bedrohte der römische Feldherr von Tunes die Hauptstadt, war Herr des platten Landes, hatte siegreich der Unterthanen Lande durchzogen, viele Städte erobert und grosse Beute

---

begehrten, während das Vertrauen auf Hannibal sie übermüthig machte. Es kam auch die Schwierigkeit, das Geraubte zu ersetzen, hinzu. Endlich nimmt Polybius als gewiss an, dass Hasdrubal den Angriff auf die römischen Gesandten auf Anstiften der Kriegspartei unternommen hatte. Diodor schiebt die Schuld auf die Demokraten, was auf das Gleiche herauskömmt. In Karthago selbst haben nach Appian Hanno der Grosse und Hasdrubal Hædus den römischen Gesandten das Leben gerettet.

[1]) Liv. XXX, 28.

gemacht; aber seitdem er die Belagerung von Utica hatte aufgeben müssen,[1]) fehlte ihm ein Stützpunkt aller Kriegsunternehmungen an der Küste, und die Siege, die er bisher erfochten, hatten wohl das Vertrauen seines Heeres gestärkt, aber einen ebenbürtigen Gegner hatte er noch nicht gefunden. Erst jetzt nahte der Entscheidungskampf. Diese Erwägungen, in der Sache begründet, fanden einen Wiederhall in den Besorgnissen, welche kriegserfahrne Männer äusserten, und in den eingebildeten Gefahren, mit welchen der Senat von Ehrgeizigen geschreckt wurde, welche den Ruhm der Besiegung Hannibals mit Scipio theilen wollten. War doch gleich nach Hannibals Abzug der Consul Servilius, als wenn diess sein Verdienst wäre, mit der Flotte nach Sicilien gesegelt und schickte sich an, den Hannibal weiter bis Afrika zu verfolgen, wenn nicht der Senat schleunig einen Dictator ernannt hätte, welcher kraft höherer Machtvollkommenheit den Consul in seine Schranken weisen sollte. Auch im nächsten Jahre 202 hatten die Consuln Marcus Servilius und Tiberius Claudius darauf gedrungen, dass auch die Führung des Kriegs in Afrika in den Bereich consularischer Thätigkeit gezogen würde, wenn schon das Volk den Scipio einstimmig in seiner Würde als Oberfeldherr bestätigt hatte. Aber dennoch hatte es Claudius durchzusetzen gewusst, dass er den Auftrag erhielt, mit 50 Fünfruderern nach Afrika überzusetzen und dass er im Rang dem Scipio gestellt wurde. Doch auch diess war fruchtlos, weil die Flotte von einem heftigen Sturme überfallen wurde und das Ziel ihrer Bestimmung gar nicht erreicht hat.[2])

Unterdessen hatte Hannibal den Winter nicht unthä-

---

[1]) Appian. Pun. 30. Liv. XXX, 23.
[2]) Liv. XXX, 24, 28, 38, 39. Zonar. IX, 24.

tig zugebracht. Und so dringend auch das Hülfsgeschrei von Karthago lautete, welches von der Land- wie von der Seeseite bedrängt wurde,[1] so wollte er doch vor Allem sein Heer verstärken, ehe er den Feldzug eröffnete. Daher kaufte er Getreide und Pferde auf, schloss ein Bündniss mit dem Sohne des Syphax, Vermina, und andern numidischen Fürsten, um seine Reiterei zu vermehren, und setzte es durch, dass Hasdrubal, der abgesezte Feldherr, begnadigt und die von ihm befehligte Mannschaft mit seinem Heere vereinigt werde, auch zog er 4000 Makedonier an sich, welche unter dem Namen griechischer Söldner von dem König Philipp von Makedonien geschickt worden waren.[2] Mit diesem neugebildeten Heere drang er in das Reich Masinissa's ein und eroberte viele Städte und einen grossen Theil des Landes, welches erst vor Kurzem seinem rechtmässigen Fürsten gehuldigt hatte.[3] Diese Unternehmung war offenbar darauf berechnet, den Scipio von seiner Stellung in Tunes wegzuziehen und dadurch den Karthagern Luft zu machen. Auch Scipio, welcher von den ehrgeizigen Bestrebungen des Tiberius Claudius Nero gehört hatte, war entschlossen, den Krieg so bald wie möglich durch eine Hauptschlacht zu beendigen und wartete nur auf die Ankunft Masinissa's, welcher endlich an der Spitze von 6000 Mann Fussvolk und 4000 Reitern erschien.[4] Da indessen Hannibal noch immer einem Kampfe auszuweichen schien, so wusste ihn Scipio durch einen verstellten Rückzug zu der Richtung nach der Küste zu verleiten, dass er ihm die Reiterei nach-

---

[1] Appian. Pun. 36. Polyb. XV, 5.
[2] Liv. XXX, 26.
[3] Polyb. XV, 4. Appian. Pun. 33. Zonaras IX, 13. p. 241.
[4] Polyb. XV, 5.

sandte, welche in der Gegend von Zama durch das römische Heer, welches plötzlich umgekehrt war, überfallen grossen Verlust erlitt.¹) Gleich darauf wurde eine andere Abtheilung des karthagischen Heeres, welche grosse Getreidevorräthe dem Hannibal zuführen sollte, von den Römern in einem Engpasse überfallen, die Bedeckung niedergehauen und das Getreide ins römische Lager abgeführt.²) Dadurch kam Hannibal so in Noth, dass er die Vermittlung des Masinissa anrief, um einen Waffenstillstand und auf billige Bedingungen Frieden zu schliessen. Masinissa war nicht unempfänglich gegen diesen Beweis von Zutrauen und da er noch immer eine gewisse Anhänglichkeit an die Stadt bewahrte, wo er seine Jugend zugebracht, so verwendete er seinen Einfluss bei Scipio, um ihn für die Vorschläge Hannibals zu gewinnen. Dieser erklärte sich bereit, auf die früheren Bedingungen einzugehen, wenn noch Schadenersatz für die geplünderten Lastschiffe hinzugefügt würde; und es wurde in der That ein neuer Waffenstillstand abgeschlossen, um die Zustimmung des Senats von Karthago einzuholen. Dieser befürwortete den Frieden bei dem Volke; aber der Pöbel, welcher verrätherische Pläne der Vornehmen gegen die Freiheit argwöhnte und voll thörichten Vertrauens auf Hannibals Herr, vernahm diese Vorschläge mit Wuthgeschrei und in seinem ohnmächtigen Grimm wollte es an dem Hasdrubal Rache nehmen, den es als den Haupturheber der Verrätherei ansah, und, da er bereits durch Gift seinem Leben ein Ende gemacht, schändeten sie noch seinen Leichnam. Hannibal erhielt den Befehl, den Waffenstillstand aufzukündigen und sobald wie möglich

---

¹) Appian. Pun. 36. Zonaras IX, 14. p. 242.
²) Appian. Pun. c. 36—39. Zonar. l. c.

durch eine entscheidende Schlacht den Krieg zu beendigen.[1]

Aber Hannibal, im Gefühl der Wichtigkeit einer raschen Entscheidung, suchte noch über die Stärke des Feindes und die Stimmung des Heeres nähere Erkundigungen einzuziehen, und hatte daher vertraute Männer ausgesendet, welche ihm genauern Bericht bringen sollten. Diese entdeckt und als Spione zu Scipio gebracht, wurden von demselben nicht nach Kriegssitte bestraft und hingerichtet, sondern er liess sie von einigen Hauptleuten im ganzen Lager herumführen und ihnen Alles zeigen, was ihrer Aufmerksamkeit würdig schien, und entliess sie mit dem Auftrag, dem Hannibal über Alles was sie gesehen, getreulich zu berichten. Diese Meldung machte den karthagischen Feldherrn noch misstrauischer, desshalb beschloss er, das Aeusserste zu versuchen und liess den Scipio zu einer persönlichen Zusammenkunft und einer mündlichen Besprechung einladen. Auch dazu bot Scipio die Hand und liess dem Hannibal antworten, er werde ihm Zeit und Ort bestimmen, wann und wo er mit ihm zusammenkommen wolle. Nachdem er nun bis zur Stadt Naragara vorgerückt war, welche sonst wohl gelegen, auch reichlich mit Wasser versehen war, erklärt er sich zur Zusammenkunft bereit, und da das feindliche Lager wenig über eine Wegstunde entfernt war, kamen die beiden Feldherrn am folgenden Tage, jeder nur von einem Dolmetscher begleitet, zusammen. Es war ein grosser Augenblick, als die beiden grössten Feldherrn des Jahrhunderts einander gegenüber traten. Eine Zeitlang standen sie stumm, jeder in den Anblick des andern versunken. Hannibal, damals 46 Jahre alt, trug die Spuren seiner langen Feldzüge auf dem wettergebräunten und durchfurchten Antlitz. Scipio,

---

[1] Appian. Pun. 39.

im drei und dreissigsten Lebensjahre, strahlte im Vollgefühl jugendlicher Kraft und männlicher Schönheit. Den Hannibal erhob das Bewusstsein der erfochtenen Siege, den Scipio das freudige Vertrauen auf die Zukunft; die finstern Züge Hannibals durchzuckte eine Ahnung von der Wandelbarkeit des Glücks, die stolze Haltung Scipio's verkündete Gewissheit eines neuen Siegs. Beide hatten das Bewusstsein, dass die Zukunft zweier Reiche in ihre Hände gelegt sei, dass die Geschicke dreier Welttheile durch den bevorstehenden Kampf entschieden würden.[1] Diese Ueberzeugung stimmte den alten Feldherrn zum Ernste der Betrachtung, während sie die Brust des jugendlichen Helden mit freudiger Zuversicht erfüllte. Hannibal, der in Scipio's Angesichte den Ausdruck seiner Empfindung lesen mochte, nahm zuerst das Wort und sprach über den verkehrten Ehrgeiz der beiden kriegführenden Mächte, über die trügerischen Hoffnungen, welche glückliche Erfolge wecken, und mahnte zur Mässigung, wollte aber den früher auferlegten Bedingungen nicht nur Nichts hinzufügen, sondern nicht einmal die Zurückgabe der Gefangenen ohne Lösegeld, die Auslieferung der Flotte und die Kriegskosten eingeschlossen wissen und von einer Entschädigung für den treulosen Ueberfall während des Waffenstillstands hat er nichts erwähnt. »Also,« entgegnete Scipio, »ihr wollt noch Belohnungen für den Friedensbruch in Anspruch nehmen und uns nur geben, was wir bereits besitzen? Das sei ferne. Entweder ihr fügt zu den früher gestellten Bedingungen noch eine Entschädigung für den Bruch des Waffenstillstandes und die Plünderung der Lastschiffe hinzu, oder ihr werdet Krieg haben, weil ihr doch den Frieden nicht ertragen könnt.« So trennten sich die beiden Feldherrn und kündigten ihren

---

[1] Liv. XXX, 32. Polyb. XV, 9, 5. 10, 2.

Heeren an, sich für den morgenden Tag zum letzten Entscheidungskampf zu rüsten: gross sei die Gefahr, herrlich der Lohn. Eine Niederlage bringe schmachvollen Untergang; die Herrschaft der Welt sei der Preis des Siegs.[1]) Scipio hatte einen grossen Vortheil dadurch erlangt, weil er in der Nähe der Stadt Cilla einen Hügel besetzt hatte, der für das Lager sehr vortheilhaft gelegen war, während Hannibal, der in der gleichen Richtung seinen Marsch genommen, in einer wasserlosen Ebene sich lagern musste, wo seine Leute die ganze Nacht mit Graben von Brunnen sich abmühen und die nöthige Leibespflege hintenansetzen mussten. Dennoch konnte er der Schlacht nicht ausweichen, weil ihm der Feind auf den Fersen war und jede Bewegung von demselben gehindert werden konnte. So rückte er denn mit frühem Morgen aus und stellte sein Heer in Schlachtordnung. Vor der Linie standen in angemessenen Zwischenräumen 80 Elephanten; ihnen zunächst bildeten das Vordertreffen die gallischen und ligurischen Hülfsvölker mit maurischen und balearischen Schleuderern untermischt, 12,000 Mann; das Mitteltreffen bestand aus Karthagern, Afrikanern und der makedonischen Legion; im Rückhalt standen die Italiker, welche in ihrem Hass gegen Rom und ohne Hoffnung auf Begnadigung den Kampf der Verzweiflung kämpften. Die karthagische Reiterei deckte den rechten, die numidische den linken Flügel. Das Heer war ein buntes Gemisch von Völkern, Trachten und Sprachen, eine Masse von mehr als 50,000 Streitern; aber der Geist des Feldherrn hatte das Verschiedenartige zu einem einheitlichen Ganzen umgeschaffen, welches die Willenskraft eines Einzigen beherrschte, wie der Geist den Leib. Scipio stellte

---

[1]) Polyb. XV, 6—11. Liv. XXX, 30—33. App. Pun. 40—43. Zonaras IX, 14. 242. 43.

sein Heer nach der bei den Römern üblichen Weise auf. Das erste Treffen bildeten die Speerträger (hastati), die junge Mannschaft; das zweite die Vordermänner (die Principes), die gereiften Männer, nicht zu einer Linie, sondern die einzelne Rotten (Manipuli) in angemessener Entfernung aufgestellt, wegen der Menge der Elephanten; das dritte Treffen bildeten die Triarier, der Kern des Heeres. Auf dem rechten Flügel stand Lælius mit der italischen, auf dem linken Masinissa mit der numidischen Reiterei; die Zwischenräume zwischen den Rotten der Speerträger hatte er mit den Veliten, den Leichtbewaffneten ausgefüllt, welche den Kampf beginnen sollten; wenn sie aber durch die Masse der Elephanten überwältigt würden, so sollten sie sich entweder hinter die Schlachtlinie zurückziehen, indem sie geraden Wegs durch die offenen Gassen rennten, oder, wenn abgeschnitten, sollten sie seitwärts abschwenken und sich an die Rotten anschliessen. Darauf richtete er wenige Worte an das Heer: »Ich hoffe, ihr thut heute Alle eure Pflicht und Schuldigkeit. Wir haben die Wahl zwischen Sieg und Tod. Nur wer das Leben einsetzt, kehrt als Sieger aus der Schlacht zurück. Und nun vorwärts gegen den Feind.« Dem Feldherrn antwortete die freudige Zustimmung und der lang anhaltende Schlachtruf des Heeres, welcher mit Hörnerklang und dem Schmettern der Trompeten furchtbar zu dem Feind hinüber schallte, dessen erste Linie, die Elephanten, sich in diesem Augenblicke in Bewegung setzte. Aber schon dieser ungewöhnliche Lärm machte viele der Thiere scheu, so dass sie sich gegen die rückwärts stehenden Numidier wandten und dort Verwirrung anrichteten, während gleichzeitig Masinissa durch einen heftigen Angriff dieselben in die Flucht schlug und so den ganzen linken Flügel des Feindes entblösste. Die übrigen Elephanten, von den Wurfgeschossen der Veliten empfangen, thaten anfangs vielen Schaden, bis sie von allen Seiten umringt, entweder durch die geöffneten Gassen unschädlich hindurchrannten, oder auf den rechten Flügel geworfen, ganz ausser Gefecht gesetzt wurden. Worauf Laelius, die dadurch entstandene Verwirrung benutzend, sich mit solchem Ungestüm auf die feindliche Reiterei des rechten Flügels warf, dass auch diese die Flucht ergriff, und von den Römern verfolgt, den Kampfplatz verliess. Jetzt, wo das Feld rein war, rückte die Schlachtordnung des Fussvolks im Sturmschritt gegen einander. Der Schlachtruf der Römer verkündete Muth und Entschlossenheit und wurde durch das Schlagen der Schwerter an die Schilde mächtig unterstützt. Die bunte Mischung des karthagischen Heeres erschallte von wildem und verworrenem Geheul. Anfangs litten die Römer sehr durch die feindlichen Schleuderer und Bogenschützen; aber bald rückten sie in festgeschlossenen Gliedern unaufhaltsam vor und von dem ermunternden Zuruf der Nachdrängenden begleitet, durchbrachen sie die Ordnung der feindlichen Miethvölker und trieben sie zurück. Diese, von den Karthagern und Afrikanern nicht unterstützt, warfen sich mit wildem Grimm auf das zweite Treffen, so dass sich dieses gegen die Heranstürmenden vertheidigen musste. Denn, um jeder Verwirrung zu begegnen, sollten die Fliehenden nicht in der Schlachtlinie aufgenommen werden. Daher die Karthager die Waffen gegen sie gekehrt, dieselben nach den beiden Flügeln drängten, so dass sie ebenfalls von dem Kampfplatz verschwanden. In der raschen Verfolgung des fliehenden Feindes hatten sich die Glieder der Römer ein wenig gelockert und bei dem weiteren Vordringen über die Haufen von Leichen, Waffen und Pferden war eine zunehmende Verwirrung zu besorgen, die sich schon dem zweiten Treffen mitzutheilen begann. Schnell liess daher Scipio für das erste Treffen zum Rückzug blasen, die Verwundeten in das Hintertreffen bringen, die Glieder aufs Neue fester schliessen und das zweite und dritte Treffen in die Schlachtlinie einrücken, die Speerträger in die Mitte, die Triarier und Vordermänner auf den Flügeln, so dass das Ganze ein einziger gewaltiger Sturmkörper, wie eine furchtbare Wetterwolke, gegen die feindliche Schlachtordnung heraufzog. Das Zusammentreffen war furchtbar; Bewaffnung, Muth, Zuversicht und Vertrauen bei beiden Theilen gleich, die Erbitterung entsetzlich. Mann focht gegen Mann, jeder, als wenn die Entscheidung des Tages auf ihm beruhte; keiner wich; die Gefallenen deckten mit ihren Leichnamen die Stelle, die sie lebend eingenommen, und der Boden strömte von Blut; bis endlich im rechten Zeitpunkt Laelius und Masinissa, von der Verfolgung der feindlichen Reiter zurückkehrend, die Schlachtordnung des feindlichen Fussvolks von hinten angriffen, sie umringten und Alles niederwarfen. Da sollen 20,000 Feinde gefallen und nur sehr wenige entronnen sein;[1] fast eben so viele wurden

---

[1] Polyb. XV, c. 10—16. Liv. XXX, 32—36. Appian. Pun. c. 43—48. Zonaras IX, 14, 243—244. Frontin. Stratag. II. 3, 16. Die Zeit ist nach der von Zonaras erwähnten Sonnenfinsterniss bestimmt, von Momsen ohne Grund bezweifelt. Zonaras IX, 14, 243 cfr. Liv. XXX, c. 36, 8. Uebrigens stimmten nicht alle Berichterstatter in ihren Angaben überein. Erstens über den Ort. Wenn nämlich Zama Regia gemeint ist, am Muthul, südwestlich von Karthago, heutzutage Zama, so stimmt die Entfernung nicht ganz überein; aber auch Polyb. XV, 5, 3 hat fünf Tagereisen von Karthago wie Liv. XXX, 29. Die Stadt Naragara, wo Scipio zuletzt sein Standlager genommen hatte, um den Hannibal zur Schlacht zu zwingen, müsste demnach in der Nähe gelegen haben. S. Liv. XXX, 29, 9; wie auch jetzt bei Polyb. XV, 5, 14 statt Μέγαρον gelesen

gefangen. Diess ist der Ausgang der Schlacht von Zama am 19. October 202, durch welche der Krieg zwischen Rom und Karthago beendigt, der Sieg der Römer über ihre Feinde entschieden und die Anwartschaft auf die

---

wird. Diess lag aber von Zama Regia 15 Meilen weiter westlich am Bagradas, im Reiche Masinissa's, vermuthlich jetzt Cassir Jebbir. Livius selbst hatte, wie es scheint, keine klare Vorstellung von der Lage. Appian. nennt dafür Cilla Pun, 40. In Hinsicht der Aufstellung wurden nach Appian. c. 40 die Italiker in das dritte Treffen gestellt, weil er das meiste Vertrauen zu ihnen hatte, und sie am meisten zu fürchten hatten. Auch Polyb. XV. 16, 4 begreift sie offenbar unter den μαχιμωτάτοις und στασιμωτάτοις, während bei Livius XXX, 3, 36 mit den Worten: „vi ac necessitate plures quam sua voluntate decedentem ex Italia secuti" Misstrauen anzudeuten scheint, wie auch Frontin: „quorum et timebat fidem et segnitiem verebatur, quoniam plerosque eorum ab Italia invitos detraxerat." In welchem Falle es sicherlich eine verkehrte Massregel gewesen wäre, sie in das dritte Treffen zu stellen; daher ohne Zweifel Appian. richtiger: οἷς δὴ καὶ μάλιστα, ὡς πλέον δεδιόσιν, ἐθάρρει. Hinsichtlich der römischen Schlachtordnung bestand das Abweichende darin, dass die Zwischenräume zwischen den Manipeln durch alle drei Treffen fortliefen, um eine gerade Gasse zu bilden. In Beziehung auf den letzten Angriff dagegen hat Scipio wahrscheinlich Hannibal dadurch überrascht, dass er aus der vereinigten Masse der hastati principes und triarii eine compacte Sturmkolonne bildete, welche nicht nur die Ueberflügelung hinderte, sondern auch offenbar dem zweiten Treffen der Karthager an Zahl überlegen war, wiewohl sonst Hannibals Heer auf 50,000, das des Scipio mit Inbegriff der Numider kaum 35,000 zählen mochte. Appian. Pun. 40, 41. Allerdings scheint Hannibal schon in dem Reitergefecht bei Zama und hernach bei dem Ueberfall des Gepäcks grosse Verluste erlitten zu haben. Auf dieses Gefecht scheint sich Valererius

Herrschaft über die damals bekannten Völker der Erde denselben eröffnet ward. Wenig mehr als 50 Jahre später waren Griechenland, Makedonien, Asien besiegt oder unterworfen, alle übrigen Staaten und Reiche abhängig

---

von Antium zu beziehen, wenn er den Hannibal in einem früheren Treffen 12,000 Mann Todte und 1700 Gefangene verlieren lässt. Liv. XXX, 29, 7. Den Verlauf der Schlacht haben wir, wie oben angegeben, nach Polybius und Livius erzählt; Appianus fügt noch folgende Einzelheiten hinzu, deren Wahrheit bei dem Mangel anderer Berichte nicht unbedingt verbürgt werden kann. Nachdem er die Erbitterung der kämpfenden Heere geschildert, erzählt er, die beiden Feldherrn hätten aus Mitleid mit ihrem todesmüden Kriegsvolk persönlich den Kampf übernommen, und Scipio habe den Schild Hannibals durchbohrt, Hannibal dagegen Scipio's Pferd mit dem Speere getroffen, welches dann rückwärts geflohen und den Scipio mit fortgerissen habe. Dieser habe dann ein anderes Pferd bestiegen und sei wieder gegen Hannibal angesprengt, habe aber nur einen nebenstehenden Reiter niedergeworfen; jetzt sei Masinissa dazu gekommen und das römische Heer, wie es den Feldherrn so muthig kämpfen gesehen, habe eine neue Anstrengung gemacht, den Feind in die Flucht geschlagen und verfolgt. Vergebens habe Hannibal die Seinigen zum Stehen zu bringen gesucht, da hätte er endlich sich an die Italiker gewendet und diese in die Schlacht geführt, in der Hoffnung, die Römer würden im Eifer der Verfolgung sich zerstreuen; aber auch diese Hoffnung sei fehlgeschlagen, weil die Römer, wie auf Befehl sich schnell wieder gesammelt und die Feinde mit erneuerter Wuth angegriffen und endlich völlig geschlagen hätten. Da hätte Hannibal auf der Flucht eine Schaar Numidier erblickt, die er noch einmal zum Widerstande bewogen hätte, um auch jetzt noch den Feinden den Sieg zu entreissen. Da sei er denn auf Masinissa gestossen, und hätte mit ihm ebenfalls einen Zweikampf bestanden. Masinissa, von seinem verwundeten Pferde abge-

oder verbündet und der Schrecken der römischen Waffen hatte sich bis zu den fernsten Bewohnern der Erde in Ost und West verbreitet.

Hannibal war auf der Flucht von kaum 20 Reitern

---

schleudert, habe den Hannibal zu Fuss angegriffen, sein Pferd niedergestossen und, selbst am Arm verwundet, seinen Angriff auf Hannibal wiederholt. In diesem Augenblicke sei Scipio seinem Verbündeten zu Hülfe gekommen und der Kampf sei mit neuer Heftigkeit entbrannt, bis Hannibal in der Ferne einen Haufen spanischen und gallischen Fussvolks erblickte und nach ihnen hinritt, um sie den Seinigen zuzuführen. Diese aber hätten diese Bewegung als Flucht gedeutet und sich zerstreut, so dass, als Hannibal mit dem Fussvolk herbei kam, dasselbe mit leichter Mühe von den wieder gesammelten Römern überwunden wurden. Hannibal, jetzt von dem Strom der Fliehenden fortgerissen, wurde besonders lebhaft von Masinissa verfolgt, der ihn gefangen Scipio zuführen wollte. Der Einbruch der Nacht habe ihn gerettet." Die Erwähnung mehrerer Zweikämpfe könnte dadurch einen Schein von Wahrheit erhalten, weil auch Silius wenigstens von einem beabsichtigten zu erzählen weiss, wenn nicht die sichtbare Nachahmung Virgils auch hier wieder Alles in Frage stellte. Sonst war es durchaus in dem Charakter Scipio's, im entscheidenden Augenblick persönlich an dem Kampfe Antheil zu nehmen, nur klingt der Beweggrund gar zu ritterlich und zu sentimental. Von Hannibal sind solche Anwandlungen viel weniger vorauszusetzen und durch nichts beglaubigt. Einzelne Züge mögen in Appians Schilderung der Wahrheit gemäss sein, wie auch Zonaras von einer Verwundung Masinissa's erzählt, aber nicht im Zweikampf. Zon. IX, 14, p. 244, wahrscheinlich nach Dio, was aus einem Fragment desselben p. 110 hervorzugehen scheint. Das Ganze erscheint beinahe als eine Ausmahlung der Worte des Livius: Hannibal — omnia et in proelio et ante aciem, priusquam excederet pugna, expertus. Liv. XXX, 35, 4; cfr. Polyb. XV, 15. 16. πάντα τὰ δυνατὰ

begleitet, welche ihm zu folgen im Stande waren, denn er hatte binnen zwei Tagen und zwei Nächten einen Weg von 75 Meilen zurückgelegt. Er kam zuerst nach Thon, wo er aus Furcht vor den spanischen Söldnern und den italischen Hülfsvölkern sich verborgen hielt und von allen seinen Begleitern trennte, und nur mit einem einzigen treuen Diener seinen Ritt nach Adrumetum fortsetzte. Dort fand er noch eine Abtheilung des Heeres, welche er zur Bewachung der Getreidevorräthe zurückgelassen hatte, mit diesen vereinigte er die Flüchtlinge, sowie die Besatzungen der nächsten Städte und sorgte für Verfertigung von Waffen, Kriegsgeräthe und Geschossen. Darauf vom Senat nach Karthago berufen, erklärte er in voller Versammlung, er habe nicht nur eine Schlacht verloren, sondern die Fortsetzung des Kriegs sei nach dieser Niederlage unmöglich. Die einzige Hoffnung auf Rettung sei der Friede.

Scipio, nachdem er das feindliche Lager erobert und geplündert, war mit einer ungeheuren Beute sogleich nach dem Meer und den Schiffen zurückgekehrt. Dort hatte er die Nachricht erhalten, der Prætor Lentulus sei mit 50 Kriegsschiffen und 100 Lastschiffen, in Utica gelandet, wodurch er in den Stand gesetzt wurde, Karthago von der Land- und Seeseite einzuschliessen. Er sandte daher den Lælius mit der Siegesbotschaft nach Rom und befahl dem Unterfeldherrn Octavius, das Landheer unter die Mauern von Karthago zu führen; er selber steuerte mit der verstärkten Flotte nach dem Hafen von Karthago. Schon erblickten sie die Thürme der Stadt, als ein karthagisches Staatsschiff mit Oelzweigen und priesterlichem Schmuck sich dem Schiffe des Oberfeldherrn näherte.

ποιήσας κατὰ τὸν κίνδυνον, ὅσα τὸν ἀγαθὸν ἔδει στρατηγόν.

Es befanden sich die zehn vornehmsten Staatsbeamten darauf, welche als Gesandte abgeordnet waren und die Abzeichen der Schutzflehenden entgegenstreckend um Schonung und Mitleid baten. Es wurde ihnen keine andere Antwort gegeben, als sie sollten nach Tunes kommen, dort werde das römische Hauptquartier sein. Scipio selbst fuhr bis in den Hafen von Karthago und im Angesicht der Stadt liess er die ganze Flotte sich entfalten und in Schlachtordnung stellen, um den Feind zu demüthigen.¹)

Darauf kehrte er nach Utika zurück, wohin er auch den Octavius entbot. Als sie von hier aus nach Tunes vorrückten, wurde ihnen gemeldet, der Sohn des Syphax, Vermina, käme den Karthagern mit einer Masse Reiterei und einer mässigen Zahl Fussvolk zu Hülfe. Es war gerade die Zeit der Saturnalien und der Kampf unterbrach die Festfeier; doch nur auf kurze Zeit, denn in wenigen Stunden wurden die regellosen Horden umringt und grösstentheils niedergehauen. 15,000 Mann wurden erschlagen, 1200 gefangen nebst 1500 Pferden und 70 Feldzeichen. Das Lager bei Tunes wurde auf derselben Stelle aufgeschlagen und die karthagischen Gesandten vorgelassen, welche jetzt noch viel kläglicher als vorher sich gebehrdeten, aber wegen ihres Treubruchs statt Mitleiden nur Zorn und Unwillen erregten. Die Zerstörung der Stadt schien nur eine gerechte Strafe, aber die Erwägung, wie schwierig und langwierig die Belagerung einer so festen Stadt sein werde, vielleicht auch die Besorgniss, dass ein Nachfolger kommen und die Früchte ihrer Arbeit und Anstrengung ernten würde, stimmte die Gemüther Aller zum Frieden. So wurde denn den Gesandten am folgenden Tage eröffnet, dass, wiewohl sie das härteste Schicksal verdient hätten, die Römer um ihrer selbst wil-

---

¹) Appian. Pun. 47. Liv. XXX, 35. 36.

len und aus Scheu vor den Göttern glimpflich und grossmüthig mit ihnen verfahren und unter folgenden Bedingungen den Frieden bewilligen wollten: 1) Die Karthager sollten in Afrika alles Land behalten, welches sie vor dem Anfang des Krieges gehabt hätten, sowie Habe und Gut wie bisher. 2) Von diesem Tage an sollten die Karthager ohne fremde Besatzung ungeschädigt nach ihren Sitten und Gesetzen leben. Dagegen sollten 1) sie Entschädigung geben für allen Schaden, den sie den Römern während des Waffenstillstandes zugefügt hätten; 2) alle Gefangenen und entlaufenen Sklaven zurückgeben; 3) alle Kriegsschiffe bis auf zehn Dreiruderer ausliefern, ebenso auch alle Elephanten; 4) sie sollten mit Niemand ausserhalb Afrika Krieg anfangen und auch in Afrika nur mit Einwilligung der Römer; 5) alles Land, Städte, Häuser und sonstiges Eigenthum des Königs Masinissa oder seiner Vorfahren sollten sie innerhalb der festgesetzten Grenzen zurückgeben; 6) sie sollten das römische Heer für drei Monate mit Lebensmitteln versehen und den Sold des Heeres bezahlen, bis eine Antwort von Rom hinsichtlich des Vergleichs zurückgekommen sei. Endlich sollten die Kartha- in 50 Jahren 10,000 Talente Silber bezahlen, alljährlich 200 Euboische Talente. Als Bürgschaft für ihre Aufrichtigkeit sollten sie 100 Geisseln stellen, nach Wahl des Oberfeldherrn, nicht jünger als 14 und nicht über 40 Jahre alt.[1])

---

[1]) Polyb. XV, 18. Livius XXX, 36, 37 beschränkt die Zahlung des Soldes auf die Hülfsvölker und knüpft die Bewilligung des Waffenstillstandes an die Zurückgabe alles während des Waffenstillstandes Geraubten. Appian. Pun. 54 fügt die Auslieferung aller derer hinzu, welche aus Italien dem Hannibal gefolgt wären, und zwar innerhalb 30 Tagen nach dem Friedensschluss; ferner die Zurückberufung des Mago aus Ligurien, dessen

Die karthagischen Gesandten eilten, diese Bedingungen dem hohen Rathe vorzulegen, welcher sie in ihrem vollen Umfange annahm. Eine einzige Stimme hatte sich dagegen erklären wollen, als Hannibal in gerechter Entrüstung über das Unzeitgemässe den Schwätzer von der Rednerbühne herabriss und sich mit zeiner Unkenntniss der vaterländischen Gebräuche entschuldigte, weil er seit 36 Jahren nur den Lagerdienst kenne. Die vorgeschlagenen Bedingungen seien so billig gestellt, dass man den Göttern danken müsse, wenn der Friede auf diese Weise zu Stande käme.¹) Daher wurde sogleich eine neue Gesandtschaft an Scipio abgeordnet, an ihrer Spitze Hanno der Grosse und Hasdrubal der Bock, um nach getroffener Verständigung mit Scipio vom Senat die Bestätigung der vorgeschriebenen Bedingungen zu erbitten. Zugleich

---

abermalige Absendung Appian allein meldet, und das zwar innerhalb 60 Tagen. Den Abzug des römischen Heeres aus Afrika bestimmt er auf 150 Tage nach dem Friedensschluss. Zonaras IX, 14, 244; Dio Cass. p. 111. Unter den bezeichneten Grenzen verstehen Livius und Appian die sogenannten **Phoenicishen Gräben**. Ausserdem wird von Dio und Appian noch hinzugefügt, dass die Karthager keine Miethvölker mehr anwerben sollten. Letzterer bestimmt den verlangten Sold auf 1000 Talente, die Zahl der Geisseln, die sogleich gestellt werden sollten, auf 150. Endlich lässt er auch Hülfsvölker zu Land und zur See ausbedingen, wenn es der römische Senat wünsche. Nach Livius wurde noch dazu der Abschluss eines Bündnisses mit Masinissa verlangt, und dass die Karthager keinen Elephanten mehr zähmen sollten. Woraus hervorgeht, dass nicht einmal Polybius den wörtlichen Inhalt des Bündnisses erhalten hat.

¹) Liv. XXX, 37. 38. 40. 41. 43. 44, 12; 45. Appian Pun. 54. 55. 57—65, welcher einen Freund des Scipio und den Consul Lentulus lange Reden für und gegen den Frieden halten lässt. Zonar. IX, 14, 244. 245.

wurden die während des Waffenstillstandes weggenommenen Schiffe zurückgeschickt und der Werth der geraubten Gegenstände nach der Schätzung Scipio's mit 25,000 Pfund Silber baar entrichtet. Darauf wurde ein Waffenstillstand auf drei Monate abgeschlossen. Ausserdem wurde den Karthagern noch die Verpflichtung auferlegt, während des Waffenstillstandes nirgends anders wohin als nach Rom Gesandte zu schicken, und wenn Gesandte nach Karthago kämen, denselben nur nach vorherigem Einverständniss mit den Römern Gehör zu geben. Als Begleiter der Gesandten wurden von Scipio mitgesendet Lucius Veturius Philo, Marcus Marcius Ralla und Lucius Scipio, der Bruder des Feldherrn.

Diese brachten nun die förmliche Anzeige von der Beendigung des Kriegs und der Besiegung des Vermina nach Rom, worauf ein dreitägiges Dankfest beschlossen und alle Tempel, Kapellen und Heiligthümer für die allgemeine Gottesverehrung geöffnet wurden. Trotz alledem verlangte der neu erwählte Consul Cnejus Cornelius Lentulus, dass Afrika, als in dem Bereich consularischer Thätigkeit liegend, ins Loos kommen sollte, überzeugt, wenn der Krieg fortdauere, dass er einen leichten Sieg erringen könne, oder wenn der Krieg ein Ende habe, er den Ruhm der Beendigung des Kriegs davon trage. Die Tribünen Marcius Minucius Thermus und Marcus Acilius Glabrio widersetzten sich und erklärten, dass durch einen früheren Volksbeschluss dem Scipio der Oberbefehl und die Vollmacht, den Krieg zu Ende zu führen, bereits übertragen worden sei. Nach hartnäckigen Streitigkeiten im Senat und in der Volksversammlung wurde dieser Gegenstand der Entscheidung des Senats überlassen. Dieser, bei Eiden berufen, erklärte, die Consuln sollen entweder durchs Loos entscheiden, oder sich unter einander verständigen, welcher von beiden Italien, oder den Befehl über 50 Schiffe übernehmen sollte. Der letztere soll nach Sicilien segeln und, wenn der Frieden mit den Karthagern nicht zu Stande käme, solle der Consul den Krieg zur See, Scipio zu Lande führen. Wenn der Frieden zu Stande käme, sollten die Volkstribunen die Anfrage an das Volk stellen, ob sie dem Scipio oder dem Consul den Abschluss des Friedens und die Zurückführung des Heeres aus Afrika übertragen wollen. Wenn diess dem Scipio übertragen würde, sollte der Consul nicht aus Sicilien nach Afrika segeln. Dem Scipio wurde, wie zu erwarten war, der Oberbefehl verlängert. Darauf wurden die karthagischen Gesandten vorgelassen, welche um so eher geneigtes Gehör fanden, weil an ihrer Spitze die Hauptgegner der barcinischen Parthei, Hanno und Hasdrubal standen. Der ganze Senat war zum Frieden geneigt, und nur der Consul Lentulus that Einsprache. Darauf brachten die Tribunen Quintus Minucius und Marcus Acilius den Antrag an das Volk: Die Gemeinde möge den Senat bevollmächtigen, Frieden mit den Karthagern zu schliessen und bestimmen, wem es den Abschluss des Friedens und die Zurückführung des Heeres übertragen wolle? Ueber den Frieden war der Beschluss einstimmig. Ebenso auch die Entscheidung des Senats, dem Scipio die Vollmacht zu übertragen, nach dem Beirath von zehn Abgeordneten mit den Karthagern Frieden zu schliessen. Zugleich wurde den Karthagern erlaubt, ihre Verwandten und Freunde unter den Gefangenen aufzusuchen und auf ihre Bitte, sie loskaufen zu dürfen, wurde ihnen gestattet, zweihundert zu nennen, welche dann nach Abschluss des Friedens ohne Lösegeld zurückgegeben würden. So ist endlich nach den früher festgesetzten Bedingungen der Frieden abgeschlossen worden und gleich darauf ist die Auslieferung der Kriegsschiffe, der Elephanten, der Ueberläufer und der Gefangenen erfolgt. Die Zahl der Letzteren betrug 4000. Die Schiffe, deren Zahl von Manchen auf 500 angegeben wird, mussten auf Befehl in die hohe See hinaus fahren, und wurden dort sämmtlich verbrannt. Es war ein Anblick, welcher den Karthagern schmerzlicher als Alles war. Denn diese Flamme hat den Völkern den Untergang der alten Herrlichkeit der Vaterstadt verkündet.

Darauf berief Scipio eine Versammlung des Heeres und übertrug dem Masinissa die Herrschaft über alle die Landestheile, welche die Römer von dem Reiche des Syphax erobert hatten; dem Octavius befahl er, die Flotte nach Sicilien zu führen und sie dem Consul Cornelius zu übergeben. Die karthagischen Gesandten forderte er auf, in Rom die Bestätigung des Senats und des Volks für den abgeschlossenen Frieden einzuholen. Dann endlich wurde das Heer nach Italien eingeschifft. Er selbst setzte nach dem Vorgebirge Lilybæum in Sicilien über und kehrte dann auf dem Landwege durch Unter- und Mittelitalien nach Rom zurück. Von allen Seiten, von nah und fern strömten Bürger und Landleute herbei, den sieggekrönten Helden zu sehen, zu begrüssen und zu ehren. Den Schluss bildete ein glänzender Triumph. Hundert und dreiundzwanzig tausend Pfund Silber hat er in den öffentlichen Schatz niedergelegt. Die Soldaten erhielten jeder ein Geldgeschenk von 400 Ass. Der König Syphax hat den Triumphwagen des Siegers nicht begleitet, denn er war schon vorher dem Gram in der Gefangenschaft zu Tibur unterlegen. Aber als bleibendes Denkmal des grossen Siegs ist der Beiname »der Afrikaner« dem Scipio geworden, mit welchem Heer und Volk den Helden schmückten.[1]

Einen schönern Tag in seinem Leben hat Scipio nie gesehen, als da nach beendigtem Triumphzuge auf dem

---

[1] Appian. Pun. 66. Liv. XXX, 45.

Capitol im Tempel des Jupiter die höchsten Staatsbeamten und die Freunde sich zum festlichen Male um ihn versammelten. Glänzender und prunkvoller mochten Pompejus' und Cæsars Triumphe sein; einen gerechteren Triumph hat Niemand, weder früher noch später feiern können. Von der Liebe, der Bewunderung, der Verehrung des Volks getragen, hat Scipio den siebenzehnjährigen Völkerkampf glorreich beendigt; er hat den Vater, den Oheim, so viele grosse Feldherrn, so viele tausende tapferer Männer durch blutige Sühne an dem Feind gerächt; er hat die Grenzen des Reichs durch die Eroberung eines grossen fruchtbaren Landes erweitert; er hat den mächtigsten Staat, Roms Nebenbuhler, er hat den grössten Feldherrn überwunden. Und das Alles verdankte er, nächst dem göttlichen Beistand, dem eignen Geiste, der eignen Kraft. Alle diese Gedanken mochten in diesem Augenblicke in dem Gefühle sich zusammendrängen, der erste Mann seiner Zeit, seines Jahrhunderts zu sein. Wohl hatte die Noth der Vaterstadt manchen Helden erweckt, aber Alle überragte Scipio. Man mochte die kluge Besonnenheit des greisen Fabius loben, der nach des Dichters Wort durch Zaudern Rom gerettet hat; Marcellus ward bewundert, der durch Heldensinn und ritterliche Tapferkeit sich den Beinamen »das Schwert Italiens« erworben hat; mit Staunen hatte man die kühne Entschlossenheit des Claudius Nero gesehen, der durch sein plötzliches Erscheinen am Metaurus die schönste Hoffnung Hannibals vernichtet; Furcht und Schrecken hat der Grimm des Fulvius verbreitet, dessen eiserne Beharrlichkeit das stolze Capua bezwang; der Vater und der Oheim Scipio's, des Krieges Ungewitter, haben ihre Siegeslaufbahn mit dem Heldentode besiegelt, aber der Afrikaner hat darum alle überragt, weil er die Vorzüge, die einzeln andere gross gemacht, alle in sich vereinigte und durch

Geisteshoheit, durch Schonung, Milde, Menschenfreundlichkeit geadelt hat. Wer war besonnener vor der Schlacht als er, der nie sich in ein Treffen eingelassen hat, ausser wenn er des Sieges gewiss war, oder die dringendste Nothwendigkeit erkannte? der den Irrthum eines Feldherrn für ein Verbrechen hielt? Wer hat standhafter das klar erkannte Ziel verfolgt? Welcher Feldherr hat nicht die Eroberung von Neukarthago als ein Meisterstück höherer Kriegskunst anerkannt? Und die Meerfahrt zu Syphax, dem Barbarenfürsten, ist sie nicht dem kühnsten Abentheuer zu vergleichen? Diese Vorzüge hat auch das römische Volk anerkannt, und darum die allgemeine Huldigung. Es mag um diese Zeit geschehen sein, wo der Dank des Volkes keine Grenzen kannte, dass sie sein Standbild auf dem Rathhausplatze (comitium) auf der Rednerbühne, in dem Rathhaus (curia) selber und in der Nische des höchsten Gottes aufstellen wollten; dass sie sein Brustbild mit dem Schmucke des Triumphators, wie die Götterbilder, auf einem Polster im Tempel aufstellten, dass sie ihn lebenslänglich zum Dictator oder zum Consul ernennen wollten, welche Ehren er sämmtlich abgelehnt. Wenn ihn so die eigenen Mitbürger ehrten, so stand er auch bei den auswärtigen Fürsten und Völkern in dem höchsten Ansehen. Er wurde als das Haupt des römischen Staates angesehen, sein Wille gelte im Senat wie in der Gemeinde als Gesetz; Krieg und Frieden liege in seiner Hand, und, wenn er auch kein Amt bekleide, so herrsche doch sein Einfluss unbedingt.[1] Als sieggekrönter Held auf diese schwindelnde Höhe in einem Alter von kaum fünf und dreissig Jahren hingestellt, mochte er beneidenswerth erscheinen, aber auch

---

[1] Val. Max. IV, 1, 6; VII, 2, 2. Liv. XXXVIII, 51. Cic. Cato 17 in nutu residebat auctoritas.

mit Besorgniss in die Zukunft blicken. Was konnte das reife Mannesalter dem gewähren, der als Jüngling das Höchste errungen hatte? Nicht blos das Glück ist wandelbar, sondern auch der Ruhm; in einem Freistaate mehr als irgendwo. Die überragende Grossheit eines Einzigen ist ein Gegenstand der Bewunderung, aber auch der Eifersucht. Auf unbedingte Huldigung folgt Neid, Schelsucht, Verkleinerung, endlich Feindschaft und offener Hass. Die Dankbarkeit ist die schwerste aller Tugenden, weil sie neben dem Gefühl des eigenen Werths eine Würdigung des Verdienstes fordert, welche die Verpflichtung zu Gegenleistungen anerkennt. Dergleichen ist dem Volke fremd. Es bleibt gleichgültig, oder schwankt beständig zwischen Liebe und Hass. Aber abschwächend auf Scipio's Stellung im Staate wirkten besonders die Zeitverhältnisse ein. Die Rache gegen den Erbfeind war befriedigt: im Westen war der Kampf beendigt; jetzt trat der Osten in den Vordergrund. Die makedonische Macht, die griechische Freiheit, die Reichthümer und Genüsse Asiens wurden Gegenstände öffentlicher Aufmerksamkeit; daran knüpften sich neue Wünsche, Hoffnungen, Pläne, Aussichten. Schon darum wurden die Blicke von den vollendeten Thatsachen abgewendet und der Zukunft zugeführt. Es war nicht mehr der Geist des alten Roms dessen einfache Gedanken die Grundlage seiner Grösse waren. Das Leben war vielseitiger, mannigfaltiger, genussreicher geworden; die höhern Lebenskreise hatten auch geistige Bestrebungen aufgenommen, und der Gedanke einer weitern Entwickelung des Römerthums durch griechische Kunst und Wissenschaft trat in das Bewustsein ein; die Härte und Schroffheit alter Bürgertugend sollte sich mit dem Schimmer feiner Sitte schmücken, um zur Anerkennung zu gelangen, und unbedingte Hingebung an die neue Geistesrichtung schien ein Verdienst. Scipio, wenn auch ein entschiedener Bewunderer griechischer Bildung, würde nie auf Kosten geistiger Selbstständigkeit dieselbe haben fördern wollen. Sie war ihm die Grundlage höherer Staatskunst, nie Zweck für sich. Auch in der Auffassung des Verhältnisses zu den Griechen wich er von andern Zeitgenossen ab. Er besass weder die Geschmeidigkeit noch die Gewandtheit des Quinctius Flamininus, noch viel weniger die Geneigtheit durch zweideutige Freundlichkeit zu täuschen. Sein Selbstgefühl, eine gewisse Hoheit, und wenn man will, nie edler Stolz stand ihm entgegen.[1]) Daher, trotzdem dass er der neuern Zeit angehörte, wollte er sich nicht zum Werkzeug der neuern Staatskunst erniedrigen, welche den Fuchspelz mit der Löwenhaut verband.[2]) Es war diesem Verhältniss ganz gemäss, wenn sein Rath und Ansehen nicht immer die Geltung hatte, die er nach seiner Stellung in Anspruch nehmen konnte. Doch in den nächsten Jahren war die Erinnerung an seine Verdienste noch zu frisch, als dass er hätte übersehen werden können. So wurde er im Jahre

---

[1]) Liv. XXXIII, 47, wo gegen Scipio's Rath beschlossen wurde.

[2]) ὅπου μή ἐφικνεῖται ἡ λεοντῆ, προσαπτέον εἶναι τὴν ἀλωπεκῆν. Wahlspruch Lysanders Plut. Apoph. p. 239. Wenn Jemand etwa als Beweis des Gegentheils die Gesandtschaft des Publius Scipio nach Afrika im Jahre 193 wegen des Streites der Karthager mit Masinissa anführen wollte, der ganz unbegründete Ansprüche machte, so giebt Livius XXXIV, 62, 17 selbst die beste Erklärung: omnia suspensa neutro inclinatis sententiis reliquere. Id utrum sua sponte fecerint, an quia mandatum ita fuerit, non tam certum est quam videtur tempori aptum fuisse, integro certamine eos relinqui. Es waren nämlich mit P. Scipio C. Cornelius Cethejus und M. Minucius Rufus geschickt worden.

199 zum Censor erwählt mit Publius Aelius Paetus, welches Amt er in grosser Eintracht mit seinem Amtsgenossen und grosser Milde und Schonung führte und nur einige neue Einrichtungen hinsichtlich der Zollstätten traf.[1]) Dass er während dieser Zeit einen überwiegenden Einfluss auf die öffentlichen Angelegenheiten, namentlich auf die Leitung der griechischen Verhältnisse ausgeübt, wird nirgends berichtet, wiewohl er gewiss die Entwickelung mit aufmerksamen Blick verfolgte. Zum erstenmal begegnete er entschiedenem Widerstand fünf Jahre später während seines zweiten Consulats.[2]) Ob er diess in der Absicht gesucht, um der Nachfolger des Marcus Porcius Cato zu werden, welcher den Oberbefehl in Spanien erhalten, ist zweifelhaft; gewiss aber, dass er die Statthalterschaft in Spanien wünschte, um die von Kato getroffenen Einrichtungen umzustürzen. Aber diess ward durch einen Senatsbeschluss verhindert. Eben so wenig konnte er durchdringen, als er verlangte, dass Makedonien wegen der von Antiochus drohenden Kriegsgefahr ins Loos kommen solle. Der Senat bestimmte Italien als Wirkungskreis für beide Consuln. Daher ist sehr wahrscheinlich, dass Scipio Rom gar nicht verliess. Nach Spanien ist er sicherlich nicht gegangen, wohin zwei Praetoren geschickt worden waren, und ob er an den Feldzügen in Gallien Theil genommen, ist mindestens zweifelhaft. In keinem Fall hat dieses Con-

---

[1]) Liv. XXX, 7, 3.
[2]) Liv. XXXIV, 43. 48. 54. Cornel. Nepos. Vita Cat. maj. 2 behauptet sogar, er habe dem Cato die Provinz Spanien entziehen wollen, während Plutarch V. Cat. maj. c. 11 nur erzählt, dass er sein Nachfolger zu werden gewünscht habe. Nur das konnte Scipio durchsetzen, dass dem Cato der Oberbefehl nicht verlängert wurde. $\dot{\eta}$ $\mu\dot{\varepsilon}\nu$ $\dot{\alpha}\varrho\chi\dot{\eta}$ $\tau\tilde{\omega}$ $\Sigma\varkappa\eta\pi\dot{\iota}\omega\nu\iota$ $\dot{\varepsilon}\nu$ $\dot{\alpha}\pi\varrho\alpha\xi\dot{\iota}\alpha$ $\varkappa\alpha\dot{\iota}$ $\sigma\chi o\lambda\tilde{\eta}$ $\mu\dot{\alpha}\tau\eta\nu$ $\delta\iota\tilde{\eta}\lambda\vartheta\varepsilon\nu$. Liv. nulla memorabili gesta re etc.

sulat zur Vermehrung seines Ruhmes beigetragen. Ja er lief sogar Gefahr, die Gunst des Volkes zu verlieren, weil auf seine Veranlassung die curulischen Aedilen Atilius Serranus und Lucius Scribonius die Trennung der senatorischen Sitze von denen des Volks in den Bühnenspielen Megalesia angeordnet haben sollen, eine Maassregel, welche grosse Unzufriedenheit erregte und von Scipio selber später bereut wurde.[1]) Was er dabei beabsichtigt hatte, ist schwer zu sagen; weder ist anzunehmen, dass er sich dem Senat gefällig zeigen, noch dass er das Volk habe kränken wollen; man möchte eher glauben, dass eine überspannte Ansicht von der äussern Würde des Senats ihm geleitet habe. Diesen Missgriffen gegenüber war es ein geringer Ersatz, dass er von den Censoren zum zweitenmal als das Haupt des Senats erklärt wurde.[2]) Offenbar war weder die innere Verwaltung, noch der Senat, noch die Volksversammlung die Sphäre, in welcher ein sieggewohnter Feldherr nach seinem vollen Werthe zur Geltung kommen konnte. Im Lager, in der Schlacht, an der Spitze des Heeres hatte er sich bewährt, das war die Schule des Lebens für ihn gewesen, dort war das eigentliche Feld seiner Thätigkeit. Diese Gedanken mochten ihn geleitet haben, als er vier Jahre später in dem Krieg gegen Antiochus dem Vaterlande noch einmal seine Dienste anbot. Nachdem Philipp von Makedonien besiegt, der achäische Bund und die übrigen griechischen Staaten von schmählicher Abhängigkeit befreit, in ein Bündniss mit Rom getreten waren, welches manchem als nicht ganz freiwillig erscheinen mochte, hatte Antiochus, der König von Syrien,

---

[1]) Liv. XXXIV, 54. Val. Max. IV, 5, 1; II. 4, 2. Cicero fragm. Cornel. 1, 12 p. 449. Orell. de harusp. respons. 12, 24.

[2]) Liv. XXXIV, 44, 4.

durch die Zauberformel »die Freiheit Griechenlands« die schlaffen Geister zu erneuter Thatkraft zu ermuntern gesucht und einen Schachzug gegen Rom gethan, von dem er sich grosse Wirkung versprach. Dieser Fürst, dessen Macht dem Hannibal noch bedeutend genug erschien, um als Werkzeug seiner Rache gegen Rom zu dienen, hatte versäumt, den Philipp in seinem Widerstand gegen Rom zu unterstützen,[1]) und erkannte jetzt zu spät, dass dem römischen Freistaat gegenüber die Stellung aller Fürsten die gleiche war. Hätte er auch damals noch Hannibals Rathschlägen gefolgt, so würde er mit den Hülfsmitteln, die ihm zu Gebote standen, den Römern bedeutende Verlegenheiten haben bereiten können, aber das Schlaraffenleben eines asiatischen Hofes erzeugte keine Helden und die Schlacht in den Thermopylen hatte ihn überzeugen müssen, dass er in höchst unverständiger Weise einen furchtbaren Gegner sich auf den Hals geladen. Hatte er den Krieg bisher angriffsweise geführt, so musste er jetzt den Feind im eigenen Lande erwarten, und in der That berieth sich im Anfang des Jahres 190 der römische Senat, wem er die Führung des Kriegs in Asien übertragen wollte. Consuln waren in diesem Jahre Cajus Laelius und Lucius Cornelius Scipio, dieser der Bruder des Afrikaners, jener sein Waffengefährte in Spanien und Afrika. Es war beschlossen worden, den Consuln freizustellen, ob sie die Geschäfte durchs Loos bestimmen oder sich unter einander darüber verständigen wollten.[2]) Laelius, der einen grossen Anhang im Senate hatte, hielt es für ehrenhafter, wenn der Senat darüber einen Entscheid treffen wolle, und Scipio, nach

---

[1]) Salust. fragm. Ep. Mithridat. Zonar. IX, 18, 256.
[2]) Liv. XXXVII, 1; Appian Syr. 21; Polyb. XXI, 1; Diod. Sic. XXIX, 4. 392—403. Ed. Bip.

genommener Rücksprache mit seinem Bruder, erklärte sich damit einverstanden. Da nun durch diese neue Art der Behandlung eine grosse Aufregung der Gemüther entstand und die Mehrheit offenbar dem Lælius eher als dem Lucius Scipio das Feldherrnamt zu übertragen geneigt war, äusserte sich der Afrikaner, wenn sie seinem Bruder die Führung des Kriegs übertragen wollten, so würde er ihn als Unterfeldherr begleiten. Diess entschied, und Lucius Scipio wurde zum Oberfeldherrn gegen Antiochus ernannt.[1]

Es ist keinem Zweifel unterworfen, dass Publius Scipio zur thätigen Theilnahme an dem Kriege gegen Antiochus wesentlich durch die Erwägung bestimmt worden war, weil Hannibal am Hofe des Königs sich befand und trotz

---

[1] Liv. XXXVII, 1. Appian l. l. sagt (Λευκίῳ) ἀπράκτῳ δ' ὄντι καὶ ἀπειροπολέμῳ σύμβουλον αἱροῦνται Πόπλιον. Σχ. κ. τ. λ., womit im Wesentlichen Cic. pro Mur. 14, 32 übereinstimmt, während derselbe Phil. XI, 7, 14 mehr dem Livius sich anschliesst. Es ist wohl nicht zu bezweifeln, dass die Anhänger Scipio's ihn zu dieser Erklärung veranlassten, um mit gutem Gewissen seinem Bruder den Vorzug vor Lælius geben zu können. Cic. Phil. l. l. ist auf jeden Fall ungenau, wenn er nach der Entscheidung über die Provinz dem Senat die Absicht zuschreibt, dem Lælius dieselbe zuwenden zu wollen. Diese Aufforderung von Seiten des Senats erklärte auch einigermaassen den Schritt des Publius Scipio, dem Lælius früher so befreundet und so nützlich gewesen war, dass er bei aller brüderlichen Liebe ihm dennoch als Heerführer den Vorzug geben musste. Aber der höhern Pflicht gegen das Vaterland musste die Waffenfreundschaft nachstehen. Uebrigens giebt jene zweifache Darstellung Cicero's zugleich Aufschluss über seine Art, die Geschichte für rhetorische Zwecke zu behandeln, welches eine sehr zweckmässige Arbeit für einen jungen Philologen wäre. Vergl. Cicero Brutus II, „concessum est rhetoribus ementiri in historiis."

der Verläumdungen der Höflinge grossen Einfluss hatte und sogar mit einer Befehlshaberstelle betraut worden war.[1]) Aber wie Hannibal sich getäuscht sah, wenn er mit asiatischen Horden die römischen Legionen zu besiegen gehofft hatte, so wenig wurden Scipio's Wünsche befriedigt, wenn er durch Besiegung des Antiochus sich einen neuen Anspruch auf die Dankbarkeit des römischen Volks zu erwerben gehofft hatte. So wie die Gegner ganz verschieden waren, so war auch die Gefahr und somit auch deren Abwendung nicht von Ferne zu vergleichen.[2]) Es kam hierzu die tiefe Verachtung, welche die Römer gegen die Asiaten überhaupt, aber namentlich gegen die Syrer empfanden.[3]) Ferner die Friedensliebe des Antiochus, der nach zwei Niederlagen zur See und zu Lande dem Kriege je eher je lieber durch Unterhandlungen ein Ende zu machen suchte und endlich zur Schlacht gleichsam gezwungen wurde.[4]) Nicht einmal der ungehinderte Durchzug durch Makedonien und Thrakien trug zum Ruhme der Sieger bei, weil sie ihn nicht der eigenen Tapferkeit, sondern der Ergebenheit des Königs Philipp verdankten.[5]) Nachdem nun Antiochus sogar Lysimachia preisgegeben hatte, dessen tapfere Vertheidigung, wo nicht den Uebergang nach Asien verhindern, doch das römische Heer hätte aufhalten können, wurde der König schon für halb besiegt angesehen.[6]) Ausserdem traf den Publius

---

[1]) Liv. XXXIV, 43; XXXVI, 41; XXXVII, 8. 23.
[2]) Liv. XXXVII, 58, 59.
[3]) Liv. XXXVI, 17; XXXVIII, 17; XLV, 23; Syri et Asiatici Graeci vilissima genera hominum et servituti nata.
[4]) Liv. XXXVII, 39.
[5]) Liv. XXXVII, 7.
[6]) Appian. Syr. 29.

noch persönliches Missgeschick. Erstens hatte sein Sohn das Unglück, auf der Fahrt von Chalkis nach Demetrias von den Syrern gefangen zu werden.¹) Selbst die unentgeldliche Zurückgabe seines Sohnes von Seiten des Königs legte ihm eine unangenehme Verbindlichkeit auf, welche wenigstens Verdacht erregen konnte.²) Sodann wurde Publius durch religiöse Verpflichtungen eine Zeitlang vom Heere getrennt und endlich sogar durch eine Krankheit verhindert, an der Schlacht Theil zu nehmen.³) Daher nicht einmal der glänzende Sieg bei Magnesia dem Scipio als Verdienst angerechnet werden konnte.⁴) Der prachtvolle Triumph endlich hatte nur den Erfolg, dass zwischen dem Glanz des asiatischen und der Bedeutung des afrikanischen eine Vergleichung gezogen wurde, wodurch ebensowohl die blendende Aeusserlichkeit des erstern, wie die welthistorische Bedeutung des letztern zum klaren Bewusstsein kam.⁵)

Mochte daher Publius Scipio von den Gesandten der griechischen Staaten,⁶) der Athener, der Aetoler, von den Königen und Fürsten, vom Philipp, Antiochus, Eumenes und Prusias noch so sehr ausgezeichnet und auf Kosten seines Bruders bevorzugt werden, so hat diess nur den Neid erweckt,⁷) aber zur Vermehrung seines Ansehens

---

¹) Liv. XXXVII, 34; Polyb. XXI, 10; Appian Syr. 29. 39; Diod. XXIX, 395; Dio Cass. 15. 115; Oros. IV, 20; Val. Max. 11. 10, 2; Justin. XXXI, 7; Zonar. IX, 20, p. 262. 264.

²) Liv. l. l. c. 37. § 8.

³) Liv. XXXVII, 33. 37, 6.

⁴) Liv. XXXVIII, 58, 10.

⁵) Liv. XXXVII, 59,

⁶) Liv. XXXVII, 6. 7. 36. 37. 45. 25.

⁷) Liv. XXXVIII, 51.

Nichts beigetragen; der asiatische Feldzug hat ihm keinen Ruhm gebracht, im Gegentheil, er wurde mittelbar die Ursache seines Sturzes.

Schon lange hatte im Senat sich eine Parthei gebildet, welche den Scipionen und ihrem Anhange auf alle Weise entgegenarbeitete.[1]) Früher hatte Quintus Fabius Maximus das volle Gewicht seines Ansehens gegen den jugendlichen Helden gerichtet, später trat Marcus Porcius Cato an dessen Stelle, der klarste Ausdruck des alten Römerthums in seiner herbsten und schroffsten Gestalt. Der Gegensatz zu der neuen Bildung ward dadurch geschärft, dass durch den langen Aufenthalt römischer Heere in Griechenland und Asien und durch den wachsenden Verkehr mit den Griechen überhaupt Liederlichkeit, Habsucht und Ueppipkeit in Rom mehr und mehr verbreitet wurden.[2]) Auch Veruntreuungen von Staatsbeamten waren bereits vorgekommen und Cato selber hatte in dieser Beziehung öffentlich Zeugniss abgelegt.[3]) In der schonungslosen Verfolgung dieser neuen Laster hatte sich der Hass auch gegen die Scipionen gerichtet, welche als Freunde der neuen Zeitrichtung angesehen wurden.[4])

---

[1]) οἱ ἀντιπολιτευόμενοι ab ea factione quæ adversa erat Scipionibus Liv. XXXVIII, 55. 3.

[2]) Dio Cass. fr. p. 116, Ed. Dind. Liv. XXXIX, 6. Plin. N.H. XXXVII, 12; Liv. XXXVIII, 14, 8.

[3]) Liv. XXXVII, 57. 13. M. Cato testis ante alios conspiciebatur, cuius auctoritatem perpetuo tenore vitæ partam toga candida elevabat, is testis, quæ vasa aurea atque argentea castris captis inter aliam prædam regiam vidisset, ea se in triumpho negabat vidisse.

[4]) Liv. XXXVII, 7. 15. Multa in Philippo et dexteritas et humanitas visa, quæ commendabilia apud Africanum erant, virum sicut ad cetera egregium, ita a comitate, quæ sine luxuria esset, non aversum.

Der eigentliche Angriff begann damit, dass auf Anstiften des Marcus Cato zwei Volkstribunen, die Petilier, im Senat heftig darauf drangen, dass über vier Millionen Sesterzien (nach Andern 3000 Talente), welche Antiochus, der König von Syrien, vor Abschluss des Friedens zur Besoldung des Heeres hatte zahlen müssen, Rechenschaft abgelegt würde. Da erhob sich Publius Scipio und forderte seinen Bruder Lucius auf, die Rechnungen zu bringen. »In dieser Schrift,« sprach er, »ist über alle gezahlten Gelder und über die ganze Beute Rechenschaft abgelegt.« Da gefordert wurde, dass er die Rechnung vorlesen und in den Staatsschatz niederlegen sollte, erwiederte er: »das werde ich gewiss nicht thun und mich auf diese Weise selbst beschimpfen. Ich werde doch nicht auf Geheiss eines andern dem Schatze über vier Millionen Rechenschaft ablegen müssen, den ich als Oberfeldherr um 200 Millionen bereichert habe. Die Niederträchtigkeit wird hoffentlich nicht so weit gehen, dass an meiner Redlichkeit gezweifelt wird.« Mit diesen Worten zerriss er das Rechnungsbuch und warf ihnen die Stücke vor die Füsse.[1]

---

[1] Liv. XXXVIII, 55, 10; Val. Max. 111, 7. 1; Aul. Gellius IV, 18. 7; Polyb. XXIV, 9a.

So ist nach Livius der Verlauf einer Begebenheit, von welcher eigentlich nur die Anfangs- und die Endpunkte unbestritten oder ausser Zweifel gestellt sind. Fest steht die Mitwirkung Cato's schon durch seine Rede de pecunia regis Antiochi und das Zeugniss aller Schriftsteller, sodann die Anklage des P. Scipio und das Fallenlassen derselben, die Anklage des Lucius Scipio und dessen Verurtheilung. Dagegen herrschten bedenkliche Zweifel nach Livius' eigener Angabe XXXVIII, 56 über die Art der Anklage, die Ankläger, über die Zeit, über das Jahr und was damit zusammenhängt, über das Todesjahr der beiden Scipionen, über Begräbniss und Ort der Bestattung des Publius. Diess

Darauf wurde der Gegenstand 'im Senat nicht weiter verfolgt. Jetzt aber verklagten die Petilier den Publius vor dem Volke, dass er, um seinen Sohn aus der Gefangenschaft zu befreien, dem Antiochus mildere Bedingungen

---

finden wir denn auch in den erhaltenen Berichten bestätigt, indem z. B. über den Ankläger des P. Scipio, wo Polybius gar keinen Namen nennt XXIV, 9, Plutarch, Cato m. c. 15 „οἱ περὶ Πετίλιον" hat, Apophlth. 7 Πετιλίου καὶ Κοΐντου Aurelius Victor. c. 49. Petilio ac Naevio. Gellius N. A. IV, 18 Cum. M Naevius (Africanum) accusaret ad populum. Liv. XXXVIII, 50, 4 P. Scipioni Africano, ut Valerias Antias auctor est, duo Q. Petilii diem dixerunt. Val. Max. 111, 7, 1: diem illi (Africano) ad populum M. Naevius tr. pl. aut, ut quidam memorant, duo Petilii dixerant. Liv. XXXVIII, 55, 6; index orationis P. Scipionis nomen M. Naevii, tr. pl. habet ipsa oratio sine nomine est auctoris etc. Liv. XXIX, 52, 3: Antiatem auctorem refellit tr. pl. M. Naevius, adversus quem oratio inscripta P. Africano est. Appian. Syr. c. 40: δήμαρχοι δύο δωροδοκίας αὐτόν (scil. Σκηπ) ἐγράψαντο. Ebenso über die Ankläger des L. Scipio, wo Livius XXXVIII, 54 wieder die Petilier nennt, A. Gellius N. A. VII, 19 den Minucius Augurinus tr. pl. als den welcher dem L. Scipio eine Busse zuerkannt habe: und Valerius, Antias hatte den Prätor Terentius Culleo als Richter bezeichnet Liv. XXXVIII, 55, wie auch Plutarch Apophth. 6 und Seneca Consol. ad Polybium. c. 33. Ebenso war die Art der Bestrafung verschieden berichtet, indem die einen peculatus, wie Valerius, andere de repetundis, wie Aurel. Victor. c. 49 angeben; (aber in Beziehung auf Publius) bei Lucius pecuniae interceptae reus c. 53. Endlich die Streitigkeiten über das Jahr des Todes, die Bestattung und das Grabmal hat Livius selber erwähnt XXXVIII, 54 und XXXIX, 52. Auch über die Grösse der Strafe und die Summe, über welche Rechenschaft gefordert worden war, bestanden sehr bedeutende Abweichungen. Liv. XXXVIII, 55, Polyb. XXIV, 9. Diese Verschiedenheiten müssen

zugestanden habe. Ein allgemeiner Schrei des Unwillens
erhob sich über diese Vermessenheit, und an dem für die
Vertheidigung festgesetzten Tage erschien Scipio mit zahl-
reicherer Begleitung auf dem Forum als jemals. Ohne

---

billig unsere Verwunderung erregen bei einer Begebenheit,
welche erstens durch Zeitgenossen, von denen wir nur Lælius
und Cato nennen wollen, bezeugt worden war, zweitens welche
sicherlich von Polybius und Rutilius genau und vollständig
erzählt war, und drittens über welche sich doch auch eine
beglaubigte Ueberlieferung gebildet haben musste, wie denn
Livius richtig XXXVIII, 56 cui famæ quibus scriptis adsentiar.
Diese Verschiedenheiten auf „eine älteste in immer fortschrei-
tender Trübung wiedergegebene Annalistenerzählung" zurückzuführen, ist eine der willkürlichsten Annahmen oder vielmehr
der muthwilligsten Einfälle, womit man heutzutage Effect zu
machen sucht. Also Cato, der noch seine Rede gegen Galba
in seine Origines aufnahm, soll über diesen berühmten Process,
worin er selbst eine so hervorragende Rolle spielte, geschwiegen
haben? Und Polybius, der uns die Bewerbung um die Aedilität
fast wie eine Familiengeschichte erzählt, soll über die wichtigste
Begebenheit in Scipio's Leben, wovon sein Ruf bei der Nach-
welt abhieng, sich nicht auf das Genaueste unterrichtet und
sein Zeugniss abgelegt haben? Während er am Schluss der
Stelle XXIV, 9a gerade das Gegentheil sagt? Und Rutilius,
dessen unbestechliche Wahrheitsliebe hinlänglich bekannt ist,
und der Scipio's Tod berichtet hatte, sollte die Veranlassung
desselben übergangen haben? Dergleichen zu behaupten, gehört
zu den Ungeheuerlichkeiten, mit welchen man die Geduld der
Alterthumsforscher auf die Probe stellen will. Aber das Alles
muss angenommen werden, damit wir zu dem Schlusse kommen:
„dass Livius die Scipionenprocesse in der Hauptsache nach
zwei Quellen geschildert hat, wovon man die eine den letzten
Tagen von Pompeji, die andere den Gesprächen des Labienus
an die Seite stellen darf." Sic!

nun den Gegenstand der Anklage nur zu berühren, hielt er eine Rede über seine Kriegführung und die Leitung der öffentlichen Angelegenheiten, dass dem Volke die ganze Grösse des ausgezeichneten Mannes wieder zum lebendigen

---

Wir haben nun einen Versuch anderer Art gewagt, um in das Gewirre der Sage Ordnung und Zusammenhang zu bringen. Dass die Abweichungen des Valerius Antias nicht geradezu zu verwerfen sind, weil er in Zahlen Angaben höchst unzuverlässig war und gerne übertrieb, versteht sich von selbst. Offenbar hatte er Freude daran, durch eine sehr ins Einzelne gehende Schilderung den Leser zu fesseln und zu überraschen; bei Livius ist zu bedauern, dass er hier nicht, wie sonst, sich vorzüglich an Polybius und Cato gehalten hat, wie er das auch bei der Bewerbung des Publius Scipio um die Aedilität unterlassen hat. Ein Grundirrthum ist die falsche Annahme des Todesjahres des P. Scipio und daher die Zerreissung der verschiedenen Acte des Processes, die sämmtlich in das gleiche Consulatsjahr 187 fallen, wie diess Livius an einer anderen ganz unverfänglichen Stelle bezeugt. XXXIX, 6, 3 fg. Ebenso wird diess durch die obige Angabe des Plinius H. N. XXXIII, 148 bestätigt, endlich durch die Mittheilung des Seneca Cons. ad Polyb. c. XXXIII, dass Lucius Scipio vor Publius gestorben sei. Diess zugegeben, heben sich schon mehrere Widersprüche von selbst. Also Publius Scipio kann seinen Bruder in dem Processe beistehen. Uebrigens wird Niemand in Abrede stellen dass während ein Historiker die eine Seite einer Begebenheit, der andere eine andere ins Auge fasst, sich über jedes auffallende Ereigniss allerlei Gerüchte, Aussagen, Ueberlieferungen bilden, welche den Thatbestand mehr oder weniger alterieren. Dahin zähle ich die vermeinte Rede des Scipio gegen Naevius, welche dem Gerüchte, dass Scipio mit demselben verfeindet gewesen sei, ihren Ursprung verdanken mag. Livius selbst bezweifelt deren Aechtheit, wenigstens an einer Stelle XXXVIII, 56 und auch Gellius erwähnt Zweifel an einer Rede Scipio's

Bewusstsein kam und die Verleumdungen der Gegner wirkungslos verhallten. Da man zu keinem Schlusse kam, wurde ein zweiter Tag für die Verhandlungen angesetzt. Die Volkstribunen hatten wieder ihren Platz auf der

---

N. A. IV, 28, 6, wozu noch das oben erwähnte Zeugniss Cicero's kömmt, de Off. 111, 1. 4. Auch die vermeinte Schutzrede des Scipio Nasica möchte aus der vagen Tradition, dass P. Scipio zu Gunsten des Lucius Scipio geredet habe, entstanden sein. Diess angenommen, fallen die Schlüsse, welche aus dem Tribunat des Naevius gezogen worden, von selbst, und zugleich wird die Annahme einer Unterstützung durch P. Scipio Africanus bestätigt. Livius' Einwand, dass P. Scipio zur Zeit von Cato's Censur nicht mehr könne gelebt haben, weil er sonst nothwendig hätte zum princeps senatus ernannt werden müssen, XXXIX, 52, bringt die Stärke von dem Hasse Cato's nicht in Anschlag, welcher sich überdiess noch damit rechtfertigen könnte, dass P. Scipio gleichsam durch ein freiwilliges Exil sich selber aller Berücksichtigung entzogen habe, dass aber Cicero's Aussage, de Sen. 6, 10: „anno ante me censorem mortuus est", kein Gewicht habe, geht schon aus der Tendenz jener Schrift hervor. Auch die Wahl des Terentius Culleo zum Untersuchungsrichter kann nicht auffallen, wenn er von den einen als ein Freund des Cornelischen Hauses, von den andern als ein strenger unpartheiischer Mann angesehen wurde. Und wenn andere sogar an eine vorübergehende Störung eines freundschaftlichen Verhältnisses glaubten, so ist diess um Nichts unerklärlicher, als dass diess bei Sempronius Gracchus, der von den Scipionen so ausgezeichnet worden war, Liv. XXXVII, 7, 11, wirklich der Fall war. Dagegen bleibt eine unauflösliche Schwierigkeit, die Verschiedenheit in der Angabe der Summe, über welche Rechenschaft von P. Scipio gefordert, und zu welcher Lucius Scipio verurtheilt worden war. Da wir hier die Angabe des Polybius haben, 3000 Talente, XXIV, 9a, welche dem Scipio zur Bezahlung des Soldes vor Abschluss des Frie-

Rednerbühne eingenomen, als Scipio festlich geschmückt mit einer grossen Zahl von Freunden und Clienten sich durch die dichtgedrängte Menge Bahn brach und vor der Rednerbühne angelangt, also sprach: »Heute, Bürger, ist

---

dens bezahlt worden waren, so steht das von Livius angeführte quadragiens HS. im schneidenden Widerspruch, welcher durch Annahme eines Rechnungsfehlers von Seiten des Livius lösen zu wollen, auf jeden Fall ein sehr bequemer, aber in Wahrheit lächerlicher Ausweg ist. Ueber die verschiedene Angabe über die Ankläger des Lucius Scipio, wo einige die Petilier, andere den Minucius Auguronus, wieder andere den Praetor Terentius Culleo nennen, habe ich schon am andern Orte die Vermuthung ausgesprochen, dass gleichzeitig mit dem Beschlusse des Senats oder vielmehr während damit gezögert wurde, ein anderer Tribun in einer ziemlich regellosen Tribungemeinde auf eine Mulct gegen Lucius Scipio angetragen, Gell. N. A. IV, 18, welchem Antrag nach dem Spruch des Praetors keine Folge gegeben wurde, wie Aehnliches hinsichtlich des Acilius Glabrio geschehen war. Liv. XXXVII, 57. In der Ueberlieferung wurde dieses Fallenlassen mit der Intercession des Tiberius Gracchus verwechselt, weil es für die persönliche Freiheit des Beklagten die gleichen Folgen hatte. Ob übrigens die Klage unter der Kategorie von peculatus oder repetundarum behandelt worden, ist ganz gleichgültig, weil das Vergehen der Natur der Sache nach in der einen wie in der andern Weise gefasst werden konnte, wie auch in der Anklageformel angedeutet ist: „quae pecunia capta, ablata, coacta." Dass übrigens eine rechtliche Verpflichtung zur Rechnungsablage bestand, hat P. Scipio selbst nach der Darstellung des Polybius nicht abgeleugnet, und das abgefasste Rechnungsbuch ist selbst schon ein Beweis, nur stand diese Rechnungsabnahme beim Senat und der wird sie je nach Umständen mit möglichster Schonung der Personen ausgeführt haben, wie diess auch Diodorus gefasst hat, fragm. Ed. Dindoff. p. 79 οὐ γὰρ ὀφείλει τοῖς ἄλλοις ὁμοίως ὑπὸ

der Jahrestag der Schlacht bei Zama, wo ich in offener Feldschlacht den Hannibal und die Karthager besiegt habe. Es wäre unwürdig, diesen Tag durch Zänkereien und Streitigkeiten zu entweihen. Lasst uns vielmehr nach

---

τὸν ἐξετασμὸν πίπτειν. Soll endlich noch eine Meinung über die Richtigkeit des gefällten Urtheils ausgesprochen werden, so muss Publius nothwendig von seinem Bruder getrennt werden, und es dürfte denselben nur der Vorwurf einer Nichtbeachtung dieses Gegenstandes treffen, wie in der Angelegenheit des Pleminius. Mit Lucius steht es anders. Trotz aller Leidenschaft des Partheistreites konnte der Prätor nicht ohne überzeugende Beweise den Lucius verurtheilen. Bei den Unterbeamten scheint es keinem Zweifel unterworfen, und auch diese Schuld fällt grossen Theils auf Lucius zurück. Dass es Antiochus an Versuchen zur Bestechung nicht hat fehlen lassen, sagt Livius selbst mit klaren Worten. Liv. XXXVII, 36. Aber dass er damit bei Publius irgend etwas ausgerichtet, stellt eben derselbe entschieden in Abrede. Dagegen kann den Lucius nicht rechtfertigen, wenn sich keine Spuren des von Antiochus erhaltenen Geldes vorfanden. Wer sich einer Veruntreuung schuldig macht, kann auch Rechnungsbücher verfälschen und Scheinverkäufe machen, kurz alle möglichen Betrügereien begehen, um den Schlingen der Gesetze zu entgehen. So kommen wir also zu dem Endergebniss, dass allerdings die Darstellung des Livius einer Ergänzung durch den Bericht des Valerius von Antium fähig ist; dass aber Valerius durch die Annahme eines frühzeitigen Todes des Publius Scipio und eines übereilten Zurückziehens nach Liternum sich selber in Widersprüche verwickelt hat, die sich mit der Beseitigung jener Irrthümer lösen liessen. Alle Dunkelheiten können freilich nicht gehoben werden, wie namentlich die Verschiedenheiten in Angabe der in Frage stehenden Geldsummen und die von Gellius berichtete Auferlegung einer Busse durch den Tribun Minucius Rufus, welches vielleicht mit dem durch die Parthei-

dem Capitol gehen und dem Jupiter, der Juno und Minerva zu danken, dass sie mir damals, wie auch sonst oft, die Einsicht und die Kraft zur guten Führung des gemeinen Wesens verliehen haben. Kommt mit mir, Bürger, und bittet die Götter, dass ihr immer solche Vorsteher haben möget. Wenn ihr meinem Alter vom siebenzehnten Jahre an immer mit euren Ehrenbezeugungen vorausgeeilt seid, so habe ich eure Ehren immer durch meine Thaten übertroffen. Uebrigens ist es des römischen Volkes unwürdig, einen Ankläger gegen Publius Cornelius Scipio anzuhören, dem gerade die Ankläger die Redefreiheit verdanken. Darauf begab er sich von dem Forum nach dem Capitol und die ganze Versammlung folgte ihm und liess die Ankläger mit dem Gerichtsdiener allein zurück. Nach dieser Zeit zog sich Scipio auf sein Landgut am Meere nach Liternum zurück. Als er wieder vorgeladen wurde und sein Bruder Lucius seine Abwesenheit mit Krankheit entschuldigte, wollten die Ankläger diese Entschuldigung nicht annehmen und führten bittere Beschwerde über die Anmaassung und den Uebermuth des Beklagten. Da erklärten die von Lucius Scipio angerufenen Volkstribunen, wenn der Beklagte mit Krankheit entschuldigt würde, so fänden sie angemessen, dass ein

---

leidenschaft gestörten Rechtsgang zu erklären ist. Auf keinen Fall aber können solche noch nicht gelöste Schwierigkeiten berechtigen, dass Wesentliche eines Ereignisses in Frage zu stellen und zu Vermuthungen oder Conjecturen seine Zuflucht zu nehmen, welche an Abentheuerlichkeit Alles überbieten, was zu irgend einer Zeit Auctores mirabilium in die Welt gefördert haben. Vergleiche die Uebersetzung des T. Livius Buch 45. Anmerkungen S. 1010 „der Scipionenprocess." Ferner die Anmerkungen zum Buch 38 desselben Werkes, S. 588 und Buch 39, S. 662 folgg.

späterer Tag zur gerichtlichen Verhandlung angesetzt werde. Nur der Volkstribun Tiberius Sempronius Gracchus, der persönlich mit den Scipionen verfeindet war, wollte seinen Namen diesem Beschluss nicht beigefügt wissen, und während Alle einen viel schärferen Spruch erwarteten, gab er folgende Erklärung: »Da Lucius Scipio seinen Bruder mit Krankheit entschuldigt habe, so sei ihm diess genügend. Er werde den Publius Scipio, bevor er nach Rom zurückgekehrt sei, nicht anklagen lassen. Auch dann, wenn er seinen Schutz anrufe, werde er ihm beistehen, dass er sich nicht vertheidigen müsse. Publius Scipio habe mit der Gunst der Menschen und der Gnade der Götter durch seine Thaten eine Höhe erstiegen, dass es schimpflicher für das Volk als für ihn selber wäre, wenn er als Angeklagter unter der Rednerbühne stehen und die Schmähungen junger Leute anhören müsste.« Diese Erklärung begleitete er mit dem Ausdruck des Unwillens: »Meint ihr, Tribunen, Scipio, der Sieger über Afrika, wird zu euren Füssen stehen? Hat er desswegen vier der berühmtesten karthagischen Feldherrn, vier der tapfersten Heere geschlagen, darum den Syphax gefangen genommen, darum den Hannibal besiegt und Karthago euch zinsbar gemacht, damit er den beiden Petiliern unterläge? Werden berühmte Männer niemals, weder durch ihre Verdienste, noch durch eure Ehren eine Stufe erreichen, wo ihr Alter, wenn auch nicht hochverehrt, doch ohne Kränkung zur Ruhe kömmt?« Dem Tiberius Gracchus wurde der Dank des Senats ausgedrückt, weil er die Ehre des gemeinen Wesens höher als Befriedigung persönlichen Hasses geachtet habe. Die Petilier aber wurden hart angelassen, weil sie durch Herabsetzung des Scipio hätten steigen und sich mit dem Raube von dem Triumphe des Afrikaners hätten bereichern wollen. Aber der Hass der Gegner ruhte nicht. Von denselben Petiliern wurde darauf folgender Antrag vor die Volksgemeinde gebracht: Es möge löblicher Bürgerschaft belieben, dass über das Geld, welches vom König Antiochus und von seinen Unterthanen empfangen, genommen, erpresst und nicht in den öffentlichen Schatz eingebracht worden sei, der Stadtprætor Servius Sulpicius einen Vortrag an den Senat mache, wen der Senat von den dermaligen Prætoren mit dieser Untersuchung betrauen wolle? Gegen diesen Antrag erhoben zuerst die Volkstribunen Quintus und Lucius Mummius Einsprache; der Senat habe zu untersuchen, wenn eine Geldsumme nicht in den Staatsschatz eingebracht sei; sie halten es für angemessen, dass in bisheriger Weise verfahren werde. Aber die Petilier erklärten die hohe Stellung und den übermässigen Einfluss der Scipionen für ein wesentliches Hinderniss. Auch Marcus Cato empfahl den Antrag und wusste die Mummier so einzuschüchtern, dass sie ihren Widerstand aufgaben. Darauf wurde der Vorschlag von allen Tribus angenommen. Auf die Anfrage des Stadtprætors Servius Sulpicius, wem der Senat die Untersuchung übertragen wolle, bezeichneten sie den Quintus Terentius Culleo als Untersuchungsrichter, denselben Senator, welcher von Publius Scipio aus der karthagischen Gefangenschaft befreit, seinem Triumphwagen mit dem Hut auf dem Kopfe, als Symbol der Befreiung aus der Sklaverei, gefolgt war. Einige glaubten, dass er eben desswegen gewählt worden sei, weil man auf seine Dankbarkeit gegen die Scipionen zählte; Andere er sei gerade aus dem entgegengesetzten Grunde von den Feinden der Scipionen vorgeschoben worden. Wie dem auch sei, die gerichtliche Untersuchung nahm ihren Gang und Lucius Scipio wurde in den Anklagezustand versetzt. Ausserdem wurden noch seine Legaten Aulus und Lucius Hostilius Cato und der Quæstor Cajus Furius Aculeo vor Gericht geladen, ja selbst zwei Schreiber und ein Amtsdiener, so dass Alle sich mit Unterschleif besudelt zu haben schienen. Doch die letztern und Lucius Hostilius wurden freigesprochen, ehe noch der Spruch über Lucius Scipio ergieng. Dieser und der Legat Aulus Hostilius und der Quæstor C. Furius wurden verurtheilt. Um dem Antiochus günstigere Friedensbedingungen zu gewähren, habe Scipio 480 Pfund Goldes und 6000 Pfund Silber, Hostilius 80 Pfund Goldes und 463 Pfund Silber, Furius 130 Pfund Goldes und 200 Pfund Silber mehr empfangen als er in den Schatz eingebracht habe. Darauf haben Aulus Hostilius und Furius noch an demselben Tage den städtischen Quæstoren Bürgen für die Zahlung der Strafe gestellt, dagegen hat Publius Scipio Nasica für Lucius, seinen Vetter, den Schutz der Tribunen angerufen. Dagegen machte Terentius geltend, der Antrag der Petilier sei zum Gesetz erhoben, der Beschluss des Senats sei ergangen und das Urtheil über Lucius Scipio gefällt. Wenn das Geld nicht gezahlt werde, so könne er nicht anders als den Verurtheilten ergreifen und ins Gefängniss abführen lassen. Darauf erklärte Fannius im Namen des Collegiums der Tribunen, dass sie dem Rechtsgang freien Lauf lassen.[1]) Tiberius Gracchus dagegen, welcher seinen Amtsgenossen sich nicht angeschlossen hatte, gab folgende Erklärung: er wollte nicht hindern, dass der Schatz sich mit dem Vermögen des Lucius Scipio bezahlt mache, aber er werde nicht zugeben, dass ein Mann, der den mächtigsten König besiegt und die Grenzen des römischen Reichs bis zum äussersten Osten erweitert habe, in das Gefängniss unter

---

[1]) Liv. XXXVIII, 50—60. Polyb. XXIV, 9. Gell. N. A. IV, 18; VI, 19. Val. Max. III, 7. 1; V, 3. 2; IV, 1. 8. Appian. Syr. c. 40. Plutarch. Cato. m. 15. Apophth. p. 238. Ed. Paris. Dio Cass. Fragm. p. 115. 116. Ed. Dind. Oros. IV. 20. Zonar. IX, 20, p. 264. 265. Aurel. Vict. 49. 53.

Räuber und Mörder abgeführt würde. Andere hatten erzählt, dass in dem entscheidenden Augenblick, als schon die Tribunen den Befehl gegeben, den Lucius Scipio ins Gefängniss abzuführen, sein Bruder Publius auf die Nachricht der drohenden Gefahr, aus Etrurien, wohin er im Auftrage des Staats geschickt worden war, plötzlich zurückgekehrt, und geraden Wegs vom Thore auf das Forum geeilt sei, den Gerichtsdiener zurückgestossen und sich auch an den Tribunen vergriffen habe. Worauf Tiberius Gracchus wohl dem Lucius seinen Beistand zugesichert, damit die Befreiung doch auf dem Wege des Gesetzes geschehe, aber zugleich tief beklagt habe, dass der Sieger bei Zama sich selber untreu geworden und mit so vielen Beweisen von Mässigung, Selbstbeherrschung und republikanischer Entsagung sich in Widerspruch gesetzt. Wie dem auch sei, so haben die Quæstoren im Namen des Gesetzes von den Gütern des Lucius Scipio Besitz genommen. Es zeigte sich keine Spur des Geldes, was er vom König Antiochus erhalten haben sollte. Nicht einmal die Summe, zu welcher er verurtheilt worden war, konnte aufgebracht werden. Verwandte, Freunde und Klienten haben ihm gesteuert, so dass er, wenn er Alles angenommen hätte, reicher als vorher geworden wäre. Er hat Nichts angenommen. Was er zu seinem Unterhalte nöthig hatte, haben Verwandte zurückgekauft, und der Hass, dem er unterlegen, hat gegen den Prætor, das Gericht und die Ankläger sich gerichtet. Ja, wie wenig Lucius Scipio in den Augen des Volks durch diese Verurtheilung verloren hatte, wurde im nächsten Jahre offenbar, wo ihm von der ganzen Bürgerschaft Beiträge gesteuert wurden zur Veranstaltung der Spiele, welche er im Kriege gegen Antiochus gelobt hatte.[1] Auch das Vertrauen des Senats war ihm

---

[1] Plin. N. H. XXXIII, 148. Liv. XXXIX, 22.

so wenig entzogen worden, dass er in demselben Jahre als ausserordentlicher Bevollmächtigter nach Asien geschickt wurde, um gewisse Streitigkeiten zwischen den Königen Eumenes und Antiochus zu schlichten. Auch dort erhielt er so reichliche Beiträge für die Ausstattung der Spiele, dass die Feier derselben zehn Tage ausfüllte. Dass er überhaupt bis an das Ende seines Lebens seine Stellung im Senate behauptete, trotzdem, dass ihm Cato kraft des Censorenamts das Ritterpferd genommen hatte, wäre gar keinem Zweifel unterworfen, wenn er in seinem letzten Lebensjahre (183) mit Titus Quinctius Flamininus und Publius Scipio Nasica als Gesandter an den König Prusias geschickt wurde, um die Auslieferung Hannibals zu fordern, wie Valerius berichtet hatte.[1] Publius Cornelius Scipio hatte noch den Tod seines Bruders in seiner freiwilligen Verbannung erleben sollen.[2] Der Glanz seines Lebens war schon längst dahin. Der letzte Tag des Ruhmes für ihn war, als die gesammte Bürgerschaft seine Ankläger verliess und mit ihm das Capitol bestieg, um den Jahrestag des Sieges bei Zama festlich zu begehen. Später lebte er fern von Rom auf seinem Landsitze bei Liternum an der Küste von Campanien.[3]

---

[1] Liv. XXXIX, 44. 56, 7.
[2] Seneca Cons. ad Polyb. c. 33.
[3] Die Colonien Volturnum Puteoli, Liternum waren im Jahr 194 angelegt, Liv. XXXIV, 44. Der Liternus (Clanio Vechio oder Patria) fliesst träge durch die Niederung und verpestet im Sommer durch seine Ausdünstungen die Luft. Seneca Epp. 86. Iuvenal. Sat. 111. 307. Val. Max., 11. 10. 2. V, 3. 2. Cives vici ignobilis eum ac desertæ paludis accolam fecere. Strabo V, 4, p. 393. Ed. Stereop. Λίτερνον ὅπου τὸ μνῆμα Σκηπίωνος, τοῦ πρώτου, προσαγορευθέντος Ἀφρικανοῦ· διέτριψεν γὰρ ἐνταῦθα τὸ τελευταῖον ἀφεὶς τὰς πολιτείας κατ' ἀπέχθειαν πρός τινας.

Ueber diese Gegend war nicht der Zauber der Lieblichkeit verbreitet, der an Campanien gepriesen wird; die Küste war öde und einsam; die Stadt Liternum, vor wenigen Jahren durch 300 römische Ansiedler bevölkert, unbedeutend und durch die Nähe des finstern Fichtenwaldes Gallinaria, der schon damals der Schlupfwinkel der Räuber war, eben nicht in der günstigsten Lage. Dort an der sandigen Küste, ohne Buchten und Häfen, lag das Landhaus, nicht wie ein Sommerpalast mit allen Annehmlichkeiten städtischen Lebens, sondern von Wald umgeben, von rohen Quadersteinen aufgeführt mit Mauern, Gräben, Thürmen und Zinnen, gleich einer Burg des Mittelalters befestigt, mit weiter Aussicht auf die offene See. Die Zweckmässigkeit dieser Anlage wurde eines Tages offenbar, als dem Scipio gemeldet wurde, dass eine Schaar Seeräuber sich dem Hause näherte. Schnell bewaffnete er seine Dienerschaft, und liess sie den Eingang und das Dach besetzen, als jene die Waffen wegwarfen, ihre Begleiter entliessen und demüthig baten, dass ihnen Scipio die Huld gewähren möge, seinen Anblick zu geniessen. Nicht als Feinde, sondern als Bewunderer seiner Thaten seien sie gekommen. Darauf näherten sie sich ehrfurchtsvoll dem Hause, und von Scipio vorgelassen, küssten sie seine Hände und legten Geschenke, wie auf dem Altar der Götter, in der Halle des Hauses nieder.

In dieser Abgeschiedenheit hat Scipio noch vier Jahre nach der Verurtheilung seines Bruders zugebracht und ebendaselbst sein thatenreiches Leben beschlossen, in demselben Jahre mit Hannibal und Philipœmen, gleich als ob das Zeitalter der Helden nicht mehr bedürfe oder ihre Grösse nicht mehr ertragen könne. Seine Musse haben die Arbeiten des Landbaues und die Beschäftigung mit den Wissenschaften ausgefüllt. In der That ein Mann, der von sich rühmen durfte, am wenigsten einsam sich zu fühlen in der Einsamkeit, und wenn er Musse hatte, am thätigsten zu sein,[1]) dem wird man eine grosse Geisteskraft nicht streitig machen können. Das stolze Selbstvertrauen, das ihn nie verliess, die freudige Zuversicht, die ihn durch die Aengsten des Lebens führte, die wunderbare Ahnungskraft der Seele, welche die Zukunft ihm erschloss, sie sind der Ausdruck eines höhern Geisteslebens, welches in Scipio zur Erscheinung kam. Er, der Retter seines Volks in der äussersten Gefahr, der Schöpfer seiner künftigen Grösse, der die grössten Dinge mit nie geahnter Kraft und Weisheit durchgeführt, der seine kühnsten Wünsche und Hoffnungen für das Heil des Vaterlandes verwirklicht sah, er durfte einen andern Maassstab des Urtheils für sich in Anspruch nehmen, als durch die Unvollkommenheit der menschlichen Natur geboten wird. Daher er seinem eigenen Zeitalter räthselhaft, fast unbegreiflich erschien. Am besten hat ihn das Volk erkannt, welches seiner Leitung unbedingt vertraute und ihm freudig in den Tod der Schlachten folgte. -Diejenigen, welche ihn gelobt, bewundert, beurtheilt, seine grossen Eigenschaften zergliedert haben, die haben Einzelnes gesehen, zu der tiefer liegenden Quelle sind sie nicht durchgedrungen.[2]) Die Ahnung der göttlichen Weltordnung, das Ver-

---

[1]) Cic. de rep. 1, 17, 27; de Off. 3, 1, 1.

[2]) Als Vertrauter der Gottheit erschien er dem Volke. Polyb. X, 8, 2, 5, 6, 11, 7,14, 11; wo allerdings Polybius nur πρόνοια, λογισμός, ἀκρίβεια, ἀγχίνοια sieht, ausserdem nennt er ihn εὐεργετικός, μεγαλόδωρος, προσφιλής πρὸς ἀπάντησιν.— ἀγχίνους, νήπτης, μεγαλόψυχος cfr. Appian Hispan. 19. 23. 26. Dio Cass. fragm. 56 nennt ihn ἀρετῇ κράτιστος παιδείᾳ λογιμώτατος, μεγαλόφρων, μεγαλοπράγμων cfr. Dio Cass. 59. Ausserdem giebt ihm Polyb. X, 19, 7 μετριότης καὶ ἐγκράτεια. Liv. 30, 14. temperantia

nehmen der Schicksalsstimme in der eignen Brust, das
Ringen nach dem Höchsten, das des Menschen Geist
erfasst, entrückt die grossen Männer der Sphäre gemeiner
Wirklichkeit. Ihr Sinnen und Streben gehört einer andern
Gedankenwelt, ihr Wille ist ein höheres Gesetz, sie überschreiten kühn die engen Schranken, womit die bürger-
liche Ordnung die menschliche Thätigkeit umspannt. Das
Volk, dem sie die höhere Weihe geben, erträgt sie nicht;
die Geistesleugnung möchte ihr Wirken in Vergessenheit
begraben, der Undank aller Verpflichtung sich entziehen;
kaum finden sie Raum und Anerkennung in dem freien
Staat. Die Athener haben dem Uebergewicht höherer
Geistesmacht durch Entfernung sich erwehren wollen.
Cato hat die Volksvertreter und die richterliche Gewalt
zu Hülfe gerufen. Vergebens. Tiberius Gracchus hat der
bessern Ueberzeugung, die in dem Herzen des Volkes lebte,
seine Stimme geliehen, und Scipio gieng siegreich aus dem

---

et continentia libidinum. Dass er auch Lobredner gefunden,
welche seine Verdienste auf Kosten der Wahrheit erhoben, geht
aus der Angabe hervor, dass er dem Livius Hülfsvölker aus
Spanien gegen Hasdrubal geschickt habe. Liv. XXVII, 38, 11;
und dass er mit Hannibal in Ephesus zusammengekommen sei,
Liv. XXXV, 14; Appian. Syr. 19; Plut. Pyrrh. 8. Dass dieser
überschwengliche Ruhm ihm selbst verderblich war, sagt
Livius XXXV, 10. Maior gloria Scipionis et quo maior eo
propior invidiae. Accedebat quod decimum prope annum assiduus
in oculis hominum fuerat, quae res minus verendos magnos
homines ipsa satietate facit." Ueber seine geglaubte Göttlich-
keit sagt Polybius sehr richtig X, 2, 7: τοὺς εὐλογίστους
καὶ φρένας ἔχοντας ἄνδρας καὶ θειοτάτους εἶναι καὶ
προσφιλεστάτους τοῖς θεοῖς νομίζειν. So auch Livius
animus quoque meus, maximus mihi ad hoc tempus vates
26, 41.

Kampfe hervor, den Neid, Schelsucht und falscher Freiheitseifer entzündet hatte. Aber Scipio hat Grösseres gethan; er hat sich selber seinem Volke zum Opfer dargebracht; er verliess den Schauplatz, wo er der Freiheit, oder die Freiheit ihm zu unterliegen drohte; er hat sich in die Einsamkeit zurückgezogen und freiwillig sich verbannt. Er ist nie zurückgekehrt. Selbst seine Asche verbot er nach Rom zu bringen. Dort am Gestade von Liternum hat Seneca seine Behausung aufgesucht und dem grossen Manne seine Huldigung dargebracht. An seinem Grabmal hat Livius das vom Sturme umgestürzte Standbild noch gesehen. Plinius weiss von den Oelbäumen zu erzählen, die Scipio mit eigener Hand gepflanzt und von der wunderbaren Höhe jener Myrthe, an deren Fuss die Grotte lag, wo nach des Volkes frommen Glauben eine Schlange den ruhenden Geist gehütet hat.[1]

Mit den Greueln des Cäsarenthums haben die spätern Geschlechter erkannt, was Publius Cornelius Scipio dem römischen Volk gewesen war. Mit Beschämung mochten sie die Inschrift auf dem Sarkophage lesen:

»Selbst meine Gebeine hast du nicht,
    undankbares Vaterland!«

---

[1] Seneca Epp. 86. Liv. XXXVIII, 56. Plin. N. H. XVI, 85. Ueber die Vergleichung Scipio's mit Julius Cæsar S. Antilogion Guarini et Poggii de praestantia Scipionis Africani et C. Julii Cæsaris nuper doctissimi Moravii cura in lucem editum.

Viennæ Austriæ pridie Idus Maias IOCXII, welches den unbedingten Bewunderern des Cæsarismus scheint unbekannt geblieben zu sein.

Rom und Capua.

Bei der vorherrschenden Richtung unserer Tage, das Leben der Menschen und Völker vom materialistischen Standpunkt aus zu beurtheilen, und die gesammte Entwickelung an elementarische, tellurische und metereologische Bedingungen zu knüpfen, und sogar das Maass geistiger Begabung bei Einzelnen mit den Nahrungsstoffen in Verbindung zu bringen, mag es nicht überflüssig sein, einen vorurtheilsfreien Blick auf die Geschichte der Vergangenheit zu werfen, um daran die Richtigkeit der ausgesprochenen Behauptungen zu prüfen. Nicht als ob der Satz bestritten werden sollte, dass das menschliche Leben mit den Kräften der Natur in inniger und geheimnissvoller Verbindung stehe, — im Gegentheil, diess wird in einem viel weitern Sinne behauptet, als manche nur ahnen mögen, — aber den wahren Thatbestand gegenüber den verschiedenen Meinungen zu prüfen, der Wahrheit ihr Recht zu sichern und die oft sehr unverständigen Aeusserungen auf ihren wirklichen Werth zurückzuführen, das dürfte Aufgabe des Forschens sein. Noch sind die Stimmen derer nicht verhallt, welche behaupten, dass Italien, ohne Rom als Hauptstadt, nie zur innern Stärke gelangen könne, und unter den mancherlei Gründen muss man auch vernehmen, dass diese Stadt schon durch ihre Lage im seltenen Grade bevorzugt und durch die Natur selber gleichsam zum Herrschersitze bestimmt sei. Gleichwohl lautet das Urtheil besonnener Forschung über diese Frage ganz verschieden, so dass man beinahe sich versucht fühlen möchte, geradezu das Gegentheil auszusprechen, und was den meisten als eine Forderung der Machtentwickelung erscheint, im Gegentheil als die grösste Hemmung zu bezeichnen, weil die Menschen immer nur im Kampfe mit der Natur ihre besten und edelsten Kräfte entwickelt haben. Diess zu veranschaulichen, wollen wir eine Parallele zwischen Rom und Capua ziehen, welche nebst Karthago in Westeuropa die mächtigsten Städte der alten Welt gewesen sind und den verschiedensten Gegensatz in ihrer Geschichte gebildet haben.

Dass die Lage der Stadt Rom im Allgemeinen eine sehr ungünstige war, das konnten nur diejenigen bezweifeln, welche den Widerspruch gegen allbekannte Wahrheiten für geistreich halten. Strabo und die Römer selber, wenn sie unbefangen ihr Urtheil äussern, gestehen geradezu, dass die Oertlichkeit nicht ein Gegenstand der Wahl, sondern ein Gebot der Nothwendigkeit gewesen sei. Nicht einmal Cicero und Livius in ihren Schutzreden für die Stadt, können andere als negative und relative Vortheile mit einiger Wahrscheinlichkeit zur Geltung bringen.[1)]

[1)] Strabo V, 372, 80. G. Livius VII, 38; V, 24. Cicero de rep. 11, 3—6; in pestilenti et arido circa urbem agro κτίσαι τὴν Ῥώμην, ἐν τόποις οὐ πρὸς αἵρεσιν μᾶλλον ἢ πρὸς ἀνάγκην ἐπιτηδείοις. οὔτε γὰρ ἐρυμνὸν τὸ ἔδαφος κ. τ. λ. 379 οὐ οἱ μετὰ ταῦτα προσκτισάντες τινὰ μέρη, κύριοι τοῦ βελτίονος ἦσαν 380. — οὐδὲν ἦν τοπικὸν εὐκλήρημα.

Weder die Fruchtbarkeit des Bodens, noch die klimatischen Verhältnisse, noch die natürliche Festigkeit konnten ein Bestimmungsgrund sein, gerade hier eine Stadt zu gründen. Der Boden war trocken und dürr, die Niederungen der Stadt den Ueberschwemmungen ausgesetzt und daher fiebererzeugend; die mässig hohen Hügel, wie der Palatinus, Capitolius, Coelius, Quirinalis gewährten keine Sicherheit und wurden in unmittelbarer Nähe durch das Janiculum beherrscht. Und wer würde hinsichtlich der Lage Rom mit Veji, Alba Longa, Tibur, Tusculum vergleichen wollen? Dabei war das Gebiet selber durch die naheliegenden Städte Collatia, Antemnae, Fidenae, Lavicum so eingeengt, dass das Weichbild der Stadt nicht über den fünften Meilenstein, d. h. höchstens zwei Stunden sich erstreckte. Wie es mit dem Gesundheitszustand bestellt war, das konnten schon die Altäre der Febris, der Mephitis, der Orbona, der Mala Fortuna auf dem Palatin, dem Esquilin und dem Quirinal beweisen, wenn nicht die zahlreichen uns gemeldeten Pesten hinlänglich Zeugniss gäben. Die beste Rechtfertigung bleibt immer noch der Befehl des römischen Hauptmanns: »Fähndrich, pflanz die Fahne auf! hier werden wir am besten bleiben.«[1]) Nicht den Vortheilen der Lage, sondern der Arbeit, der Anstrengung, der Entsagung und der Tapferkeit sollte nach Strabo Rom seine künftige Grösse verdanken. Nicht die natürliche Festigkeit der Stadt sollte den Bürgern sondern die Männer sollten mit ihren Leibern ein Bollwerk bilden für die Stadt.[2]) Nur durch Anspannung aller Kräfte sollte diese Landschaft ihren Bewohnern zum Segen

---

[1]) Liv. V, 55.
[2]) Strabo a. a. O. Virg. Aen. IX, 603.
 Durum ab stirpe genus, natos ad flumina primum
 Deferimus, saevoque gelu duramus et undis;

gereichen. Daher die gesammte Thätigkeit des römischen Volks wie früher auf die Trockenlegung und die Sicherheit der Stadt, später ausschliessend auf den Landbau gerichtet war.[1] Die Verehrung der den Landbau schützenden Gottheiten, Pales, Seges und Segesta bestand von Alters her und der Gründer des Staats hatte sich selber als Genosse der Feldpriester mit dem Aehrenkranze geschmückt.[2] Als die den Göttern wohlgefälligste Gabe hatte Numa die Erzeugnisse des Feldbaues bezeichnet.[3] Die grösste Belohnung tapferer Männer war so viel Land, als einer in einem Tage umpflügen konnte[4] und der Siegespreis überhaupt war von der Getreidespende benannt.[5] Der alterthümliche Abschluss der Ehe, welche der Oberpriester selber einsegnete, trug von dem gemeinsamen Genuss des Brodes die Benennung.[6] Alle Formen des

---

    Venatu invigilant pueri silvasque fatigant,
    Flectere ludus equos et spicula tendere cornu.
    At patiens operum parvoque adsueta juventus
    Aut rastris terram domat, aut quatit oppida bello.
    Omne aevum ferro teritur versaque juvencum
    Terga fatigamus hasta; nec tarda senectus
    Debilitat vires animi mutatque vigorem.
    Canitiem galea premimus, semperque recentis
    Comportare juvat praedas et vivere rapto.
Vergl. Dr. K. E. Blum, Einleitung in Roms alte Gesch. S. 175 Altrömischer Ackerbau, Romulus, dessen Vorsteher.

[1] Plin. N. H. XVIII, 2, 224—228.
[2] id. ib.
[3] id. ib.
[4] adorea ib.
[5] confarreatio ib.
[6] Bruno Hildebrand: de antiquissimae agri Romani distributionis fide; welcher die höchst oberflächlichen Einwendungen Mommsens gründlich widerlegt hat.

Lebens, die Sprache des Rechts, der Gottesverehrung, der bürgerlichen Verhältnisse liessen den Landbau als Grundbedingung des Staates erkennen. Zwei Juchart Landes als Grundbesitz für jeden forderten die Ausübung des Bürgerrechts.[1]) Vernachlässigung des Landbaues zog eine öffentliche Rüge von Seiten des Staates zu. Das höchste Lob war an die Benennung »ein tüchtiger Landwirth« geknüpft.[1]) In den Landbezirken stimmten neben dem ehrenwerthen Stand der Landleute die adelichen Geschlechter; die städtischen Bezirke, in welche die Masse der Freigelassenen, der Kaufleute und Handwerksgenossen eingeschrieben war, hatten mindere Ehre und minderes Recht.[2]) Die von dem Landbau entlehnten Benennungen Pilumnus, Fabius, Piso, Lentulus, Bubulcus, Cicero, Scrofa, Stolo waren eine ehrende Anerkennung der Verdienste um den Landbau. Der Senat, der ganze Bibliotheken an die Fürsten Afrika's verschenkte, machte eine ehrenvolle Ausnahme mit den 28 Büchern Mago's über den Landbau, die er auf öffentliche Kosten aus dem Punischen ins Lateinische übertragen liess.[3]) Der grosse Feldherr Manius Curius that den Ausspruch, das müsse ein schlechter Bürger sein, dem sieben Morgen Landes nicht genügten. Derselbe, auf hölzerner Bank am Herde sitzend und sein einfaches Abendessen selbst bereitend, verschmähte stolz das Gold, dass ihm die Samniten schickten. Quinctius Cincinnatus und Atilius Serranus wurden pflügend von den Gesandten des Senats gefunden, welche kamen, ihnen die höchsten Würden des Staates zu übertragen. Atilius Regulus, als er der Schrecken von Karthago war und

---

[1]) Cato de r. r. c. 1.
[2]) Plin. l. l. p. 226.
[3]) Plin. XVIII, 219 Bip.

siegreich an der Spitze des Heeres stand, lehnte die Oberfeldherrnwürde ab, damit sein kleines Feld von sieben Jucharten des Arbeiters nicht entbehre.[1]) Marius hat als Ackerknecht die Eigenschaften ausgebildet, welche ihn zum Schrecken der Kimbern und Teutonen machten. Der Sinn des römischen Landmanns spiegelt sich in den Sprüchen und Bauernregeln wie folgt: Ein liederlicher Landwirth kaufe, was sein eigenes Land erzeuge. Thöricht sei es bei Tage thun, was des Nachts geschehen könne, oder an Werktagen zu verrichten, was an Feiertagen zu thun gestattet sei; am ärgsten aber, wenn einer bei guter Witterung lieber im Hause bleiben als auf dem Felde arbeiten wollte. Ein fleissiger[2]) Landmann, der auf seinem kleinen Felde viel grössere Ernten erhalten hatte als grosse Grundbesitzer von ihren Gütern, war der Zauberei bezüchtigt worden, als ob er durch Beschwörungen die Früchte von andern Aeckern auf die seinigen zu zaubern wisse; und er wurde deshalb förmlich angeklagt. Am Gerichtstag erschien er vor dem Volke mit einem Joche wohlgenährter Stiere und mit seinem Gesinde, welches wohlgehalten und gut gekleidet eine Menge Ackergeräthe, Pflugscharren, Hacken, Spaten, Schaufeln und Grabscheide trugen. »Seht hier, Bürger, meine Zaubermittel, wenn ihr meine schlaflosen Nächte, meine Arbeit, meine Anstrengung und meinen Schweiss, den ich nicht vorweisen kann, in Rechnung bringen wollt.« Mit jubelndem Beifall wurde er entlassen. Das Land selber schien sich zu freuen, von der Hand sieggekrönter Feldherrn bebaut zu werden, so lohnte es den Fleiss; sei es, dass sie dieselbe Aufmerk-

---

[1]) Val. Max. IV, 3, 5; 4. 5, 6. Columella de r. r. l. p. 8. Ed. Bip. Plin. XXVIII, p. 229.
[2]) Plin. H. N. XXVIII, p. 233. p. 239. Ed. Bip.

samkeit auf den Ackerbau wie auf den Krieg verwendeten, sei es, dass nach Plinius die Arbeit ehrenwerther Männer vorzugsweise gesegnet ist. Wenigstens fand der König Pyrrhus, als er gegen Rom zog, in den Feldern, Wiesen, Baumgärten der Römer einen so bedeutenden Unterschied, dass ihm die Ländereien seiner Verbündeten, der Griechen, als unangebaut erschienen. Also Arbeit, Anstrengung, Mühe und Sorge war das Loos des römischen Landmanns. Diese Spannung aller Kräfte und die Einfachheit war die Grundlage der spätern Grösse; und der alte Cato hatte Recht zu sagen, dass von dem Landvolk die wackersten Männer und die tüchtigsten Soldaten kämen; dass die am wenigsten schlimme Gedanken hatten, welche mit dem Landbau sich beschäftigten, und dass der Landbau die ehrenhafteste, sicherste und neidloseste Beschäftigung sei.[1] Und diese Geistesrichtung war durch Landanweisung und durch Uebersiedelung der wachsenden Bevölkerung durch ganz Italien verbreitet und dadurch Einmüthigkeit des Sinnens und des Strebens gewonnen worden. Nun wohl! Dieses Volk von Landleuten hat die alte Welt bezwungen und eine Herrschaft begründet, die über ein halbes Jahrhundert bestanden hat.

Ein von der römischen Landmark wesentlich verschiedenes Gepräge trug Campanien, die gesegnete Landschaft, um deren Besitz einst Bacchus und Ceres gestritten, wo die Natur selber sich ihrer Schöpfung zu freuen und die Bewohner zum ruhigen Genuss einzuladen schien.[2] Dieses

---

[1] Cato de r. r. 1. unum genus liberale et ingenuum rei familiaris augendæ, quod ex agricolatione contingit. Columella p. 4.

[2] Flor. 1, 16. 3; Plin. H. N. 111, 6. p. 220. Ed. Bip. 9, p. 227. Virg. Georg. II, 216 fgg. Martialis IV, 44. Varro de re rustica II, 1. Ausonius de urbibus VI. Polybius 111, 91. Strabo V, 4, p. 392 p. 402. Dionys. Halicarnass. 1, 37. Cic. de Legg. Agr. I, 7. 21.

gepriesene Küstenland, kaum zehn geographische Meilen
ins Gevierte, vom Liris (Garigliano) bis zum Vorgebirge
der Minerva (Punta di Campanella) sich erstreckend, von
den Vorgebirgen der Apenninen schützend umgeben, hatte
auf mässigem Raume alle Vorzüge vereinigt, welche die
gütige Natur zur Verschönerung des Lebens zu verleihen
vermag. Ein die Landschaft liebend umschlingendes Meer,
in den Tiefen der Erde des Feuers ewig schaffende Kraft,
bald durch hervorbrechende Flammen auf dem Markte
Vulcans (der Solfatara), bald durch dumpfes Getöse im
Innern des Vesuv sich verkündend, des Himmels tiefes
Blau, die milden Lüfte, sonnige Hügel, heilige Haine,
dunkele Wälder, hellglänzende Bäche, Flüsse und Seen,
der dampfende Krater, die mit allen Farben schillernden
Felsen, die wogenden Saaten und die von Ulme zu Ulme
in flatternden Bogen sich fortwindenden Reben mit pur-
purnen Trauben, diess Alles in bunter Mischung vereinigt
bildete einen wahrhaft bezaubernden Anblick. Pausilipum
Sorgenverscheucher, Freudenspender, wurde ein Landhaus
oberhalb Neapel darum genannt, weil dort die Aussicht
über die wunderliebliche Landschaft sich vor den erstaun-
ten Blicken entrollte; und der Ort hat Name und Bedeutung bewahrt bis auf den heutigen Tag. Dem glänzenden
Bilde entsprechen die Erzeugnisse des Landes. Nirgends
belohnte reichlicher die Natur selbst mässige Arbeit. Alle
edle Getreidearten gediehen in üppiger Fülle; die Oliven
von Venafrum lieferten das vorzüglichste Oel. Die Rebe

II, 29. 80. Plin. N. H. XVIII, c. 29 p. 251. 243. 245. 248. 271;
XXXI, 8; XV, 94; XXI, 16. 20. 17; XIII, 26; XIV, 136; XVI, 225;
XXXV, 174; XXII, 68. Pausilypum villa est Campaniæ haud procul
Neapoli. Plin. N. H. IX, 167. De aquis Plin. XXXI, p. 90. 91. de
vitibus Plin. N. H. XIV, p. 5. 19.

erreichte eine unglaubliche Höhe und überschattete weithin Laubgänge und Strassen. Die edelsten Weine wurden in Campanien erzeugt, und genossen einen weitverbreiteten Ruf. Fische, Austern, Schalthiere und was man die Früchte des Meeres nennt, spendete die campanische Küste in unglaublicher Menge. Dabei waren die Hausthiere von seltener Grösse und Schönheit. Die Wolle der Schafe ward vorzüglich gesucht, und überhaupt alles, was die fruchtbarsten Länder erzeugten, brachte Campanien besonders trefflich hervor. Endlich war der Boden so leicht, dass man statt der Stiere nur Kühe und Esel gebrauchte; der gepriesenste Landstrich zwischen Cumae, Capua und Neapolis wurde Campus Laborinus oder Laboriæ, heutzutage Terra di Lavoro [1]) genannt, nicht als wenn die Bearbeitung grosse Mühe verursachte, sondern weil die Erde selber so grosse Anstrengungen für die Fruchtbarkeit machte, und gleichsam beständig in der Arbeit begriffen war. Zweimal des Jahres schmückten die Blumen des Frühlings die Erde; dreimal wurde geerntet; und selbst wenn die Natur feierte, bedeckte eine solche Menge wilder Rosen die Erde, dass Campanien mehr Rosenwasser und Rosenöl als andere Gegenden Olivenöl erzeugte. Aber wie die ganze Natur Lust und Freude zu athmen schien, so gewährten auch die zahlreichen Mineralquellen und Bäder Abhülfe und Linderung der mancherlei Leiden und Beschwerden der Menschen. Da war nicht leicht eine Krankheit zu nennen, für welche in Campanien sich nicht ein Heilmittel gefunden. Endlich die Buchten, Rheden und Häfen, wie sie den vom Sturm überraschten Schiffen eine sichere Zuflucht gewährten, so luden sie ein zur friedlichen Einfuhr in das gastliche Land.

Dass bei dieser Lage und Beschaffenheit Campanien

---

[1]) Plin. N. H. XVII, p. 156. Bip. Varro R. R. 1, 20, 4.

frühzeitig die Aufmerksamkeit der seefahrenden Völker erregen musste, ergiebt sich aus dem Vorhergehenden von selbst. Ein Beweis dafür ist, dass die Bestrafung des Typhoeus an die Küste von Campanien, der Kampf der Giganten gegen die Götter in die phlegräischen Felder, zwischen den Vesuv und Cumae verlegt wird. Und wie das Westland Hesperien überhaupt, als Gegensatz zu dem Orient als das Reich des Schattens, des Dunkels und der ewigen Nacht angesehen wird, so wurde nicht nur der Eingang in die Unterwelt im Averner-See gefunden, sondern auch die Ungethüme, welche der Urwelt und den finstern Mächten angehören, die Kimmerier, die Kyklopen, die Lästrygonen, die Sirenen, die Kirke, die Skylla und Charibdis waren in diese Landschaft oder in deren Nähe versetzt worden, so wie denn später, als Ergänzung zu dem Bilde des Schattenreichs, auch die Gefilde der Seligen eben daselbst erschienen; Ueberlieferungen, welche sich den Gemüthern so tief eingeprägt hatten, dass Virgil sie noch für seine Dichtung benutzen durfte. Ja der Glaube an die Wohnsitze der Kimmerier, welche nie das Licht der Sonne erblicken, hat erst die Ausreutung der Wälder zu Agrippa's Zeiten völlig beseitigen können. Wenn nun der Homerische Sänger alle diese Sagen mit den Irrfahrten des Odysseus in Verbindung bringt, so ist diess eben ein Beweis, dass das Land Campanien, wenn schon in sagenhafter Ferne, doch nicht ausser dem Gesichtskreis der Hellenen lag. Wenn aber das Westland überhaupt erst seit den Troischen Zeiten aus dem mythischen Dunkel trat, so wurde auch für Capua an diese Zeiten angeknüpft. Es sollte diese Stadt von Capys,[1] dem Vater des Anchises, oder einem Ver-

---

[1] Serv. ad Aen. II, 35. X, 145. Ovid. Fast. IV, 39. Strabo V, 393. Steph. Byz. s. v.

wandten des Aeneas gegründet sein, eine Sage, welche damit begründet wurde, dass, als kurz vor Cäsars Tode die ältesten Grabmäler in Capua geöffnet wurden, eine Inschrift in dem vermeinten Grabe des Capys sollte gefunden worden sein, des Inhalts, dass, wenn die Gebeine des Capys aufgedeckt würden, ein Sohn des Julus von der Hand seiner Verwandten ermordet und durch grosse Verheerungen Italiens gerächt werden würde. Dieses hatte Cornelius Balbus, Cäsars Freund bezeugt.[1]) Gewiss ist, dass der Name Capys in der Ilias und in der Aeneide bei der Eroberung von Troja genannt wird, und dass er in der Reihenfolge der Könige von Alba Longa erscheint. Auf jeden Fall gründet sich diese Sage auf den Glauben uralter Ansiedelung und einer engern Beziehung zu den Troern, welche auch der Sage von der Wanderung des Dardanus zum Grunde liegt und in der gemeinsamen Herleitung von den Pelasgern wurzeln mag, welche in dem Erscheinen des Evander in Latium, der Tyrrhener in Etrurien und in den sikulischen Sagen von Acestes und Laomedon, so wie in der Gründung einer Stadt Larissa in Campanien ihre Bestätigung findet.[2])

Eine frühzeitige Kenntniss des Landes setzt endlich die Gründung von Cumae voraus, welche gewöhnlich in das Jahr 1050, von Neuern sogar in das Jahr 1107 gesetzt wird, und von Cumae in Aeolis und Chalkis in Euboea ausgegangen, überhaupt die älteste griechische Niederlassung in Italien gewesen ist. Nehmen wir hierzu, dass die Verbreitung der Sibyllinischen Orakel auf demselben Wege nach Italien gelangt ist, so werden wir eine eben so frühzeitige als ununterbrochene Verbindung von Vorderasien mit dem fernen Westen kaum in Zweifel ziehen können.

---

[1]) Sueton V. Caesar. c. 81.
[2]) Dionys. Halic. l. c. 21.

Durch diese Einwanderung wurde die Landschaft Ausonia oder Oenotria, diess war der alte Name Campaniens, zuerst gräcisirt. Denn die neuen Einwanderer verbreiteten sich rasch über die Städte Nola, Atella, Palaeopolis, Neapolis Dicaearchia, oder gründeten sie vielmehr, und über die nahe gelegenen Inseln, und sie hatten sich zu einer solchen Macht erhoben, dass sie im Jahre 520 ein ungeheures Heer von Tyrrhenern, Umbrern und Dauniern zurückschlugen, wo nur die Uebertreibung in den Zahlen Zweifel erregt. Aber das ist auch die einzige That, wodurch sie in der Geschichte sich einen Namen gemacht. Zwanzig Jahre später finden wir in Cumae eine argwöhnische und misstrauische Aristokratie, welche den Liebling des Volks, den jugendlichen Aristodemus mit einer Art Uriasbrief gegen die Etrusker sendet und dadurch sich selber den Untergang bereitet. Denn Aristodemus, nach siegreicher Rückkehr aus dem Feldzuge, in der Gunst des Volkes noch höher gestiegen, nahm furchtbare Rache an seinen Gegnern, überfiel den versammelten Senat mit seinem Anhange, und Alles, was sich nicht durch die Flucht retten konnte, fiel unter den Dolchen der Mörder. Darauf wurden die Güter der Erschlagenen unter das Volk vertheilt, ihre Frauen und Töchter Sklaven zur Ehe gegeben, eine allgemeine Schuldentilgung angeordnet und Aristodemus zum Bürgervorsteher, d. h. zum Herrscher bestellt. So hat er, durch eine starke Leibwache geschützt, zwanzig Jahre als Tyrann schonungslos gewüthet, bis auch ihn die Nemesis ereilte und die Söhne der Erschlagenen schreckliche Vergeltung übten. Kurze Zeit, nachdem der letzte Tarquinier, dem er eine Zuflucht in Cumae gegeben, den Tod gefunden, war auch Aristodemus gestürzt und gerichtet worden.[1]) Aber sein Tod brachte weder der früheren Wohl-

---

[1]) 496. Liv. II, 21. Dion. VII, 21. Pind. Pyth. 154. 141. Strabo V, p. 243. 45. 48. 74.

stand noch den Frieden zurück. Denn der Tyrann, um jede Erhebung der Unterdrückten zu verhindern, hatte die Erziehung der Jugend planmässig zu Grunde gerichtet. Alle den Sinnen schmeichelnden Künste wurden zur Verweichlichung und Entsittlichung in Anwendung gebracht, und was Bildung und Verfeinerung der Sitten hiess, war die Schule des Lasters und die Erziehung zur Knechtschaft.[1]) Diese Saat trug ihre Früchte und nach mancherlei inneren Kämpfen, Spaltungen, Umwälzungen wurde die blühende Stadt eine Beute der Campaner.[2])

Ein ganz ähnliches Schicksal hatte das benachbarte Capua.[3]) Dort hatten ungefähr um 800 die damals zur See und zu Lande mächtigen Etrusker sich festgesetzt und in dem reichen Lande einen Bund von zwölf Städten, wie in Etrurien und im Keltenlande gegründet. Wie überall, so waren auch in Campanien die Etrusker die erklärten Feinde der Griechen, und es wird uns im Jahre 475 von einer Seeschlacht berichtet, wo die Griechen mit Hülfe des Königs Hiero noch einmal ihre Gegner besiegten.[4]) Aber Sieger wie Besiegte waren dem Verderben durch die Barbaren geweiht; die Etrusker zuerst, weil sie, durch ihre ungeheuren Reichthümer und Genüsse aller Art zur Trägheit und Verweichlichung verführt, jede Anstrengung scheuten und die Vertheidigung des Landes Söldnern überliessen, bis sie nach einem Feste, wo Alle in Folge übermässigen Genusses im tiefen Schlafe lagen, von ihren Beschützern überfallen, ermordet, vertrieben und der Herrschaft verlustig wurden. Diess geschah im Jahre 420.

---

[1]) Dion. VII, 3—9.
[2]) Liv. IV. 44. (423 a. Chr.)
[3]) Polyb. 11, 17. Liv. 1, 2. 5. Vellej. 1, 7. Strabo V, p. 404. T,
[4]) Diod. XI, 5. 1.

Drei Jahre später fiel auch Cumae und die Städte der Küste. Seitdem waren die rohen Sieger die Herren des Landes und nur in den griechischen Colonien behauptete sich griechische Sprache und Sitte.[1]

Kaum volle achtzig Jahre nachdem die neue Herrschaft gegründet war,[2] erschien eine Gesandtschaft von Capua in Rom, um Hülfe gegen die Samniten zu erbitten Dieser Zeitraum hatte genügt, um die Eroberer ihren Stammgenossen völlig zu entfremden und sie denen zu assimiliren, die sie besiegt hatten. Die Samniter, welche damals gegen den obern Lauf des Liris sich ausbreiteten, hatten die Sidiciner überfallen, welche im Gefühl ihrer Ohnmacht sich an die Campaner um Beistand gewendet hatten. Diese, durch die Samniten nicht minder bedroht, waren den Bedrängten zu Hülfe gezogen, aber zweimal geschlagen sahen sie jetzt ihre Feinde unmittelbar vor Capua auf dem Berge Tifata, der sich drohend über der Stadt erhebt. Unfähig dem kriegerischen Volke zu widerstehen, suchten sie den Schutz der Römer. Zufällig aber hatten diese kurz vorher einen Vertrag und ein Bündniss mit den Samniten geschlossen, wesshalb jede Feindseligkeit unmöglich war. Daher die Capuaner abschläglich beschieden wurden und nur die Zusicherung einer friedlichen Vermittelung erhielten. Aber diese, in Voraussicht einer solchen Weigerung, erklärten, dass sie sich, ihre ganze Stadt, Tempel, Häuser, Mauern, Land und Leute den Römern zum vollen Eigenthum übergeben und sich als ihre Unterthanen und Schutzbefohlenen angesehen wissen wollten. Diess änderte einigermaassen das Rechts-

---

[1] Liv. IV, 37. 44; nach Diodor XII, 76 war Cumæ schon im Jahr 428 erobert, welches unwahrscheinlich ist.

[2] Liv. VII, 29; (343 a. Chr.)

verhältniss und es kam die Erwägung hinzu, ob das fruchtbare Campanien ein Zuwachs der römischen oder der samnitischen Macht werden sollte. Sofort wurden Gesandte an die Samniten abgeschickt und dieselben aufgefordert, die Römer nicht in ihrem Eigenthum zu schädigen. Die Antwort der Samniten war der Befehl, Campanien sofort mit Feuer und Schwert zu verwüsten; und drei blutige Schlachten mussten geschlagen werden, ehe der neue Besitz gesichert war. Aber diess war nur der Anfang der zerstörenden Samniterkriege, welche 80 Jahre lang die ganze Kraft Roms in Anspruch nahmen. Und das war nicht die einzige Gefahr. Denn gleich als ob die Stadt Capua den Samen alles Verderbens in sich trüge, wurde die römische Besatzung Capua's vom Geiste der Meuterei ergriffen. Sie gedachten an den Campanern zu verüben, was die samnitischen Söldner gegen die Etrusker gethan, und die schon offene Empörung konnte nur durch grosse Mässigung und grosse Zugeständnisse gedämpft werden.[1]) Ja die Capuaner selber machten sich kurz darauf eines treulosen Abfalls schuldig, indem sie mit den Feinden Roms ein Bündniss schlossen, und erst wiederholte Niederlagen brachten sie zum Gehorsam zurück.[2]) Allerdings hatten die Römer diese Empörung zum Theil selber verschuldet, weil sie eine Spaltung in der Bürgerschaft hervorgerufen, indem sie den ritterlichen Geschlechtern nicht nur das Bürgerrecht verliehen, sondern auch die geringere Classe zu einer jährlichen Abgabe an die 1700 Ritter verpflichtet hatten.[3]) Daher auch die Letztern den Römern treu geblieben waren und ihre Ehren-

---

[1]) Liv. VII, 34—42.
[2]) Liv. VIII, 14.
[3]) Liv. VIII, 11.

rechte auch ferner beibehielten.¹) Aber noch war die Ruhe nicht gesichert. Nach einigen Jahrzehnten wurde ein römischer Stadthalter nach Capua geschickt, um die bürgerlichen Streitigkeiten zu schlichten und einen geordneten Rechtszustand wieder herzustellen.²) Die innere Verwaltung hatten die städtischen Behörden, aber die Oberhoheit blieb den Römern.

Allmählig ist auch dieses Verhältniss der Abhängigkeit gemildert worden und die adelichen Geschlechter erhielten manche Vergünstigung, namentlich das Eherecht, wodurch sie mit dem hohen Adel in Rom vielfach verschwägert wurden. Es wurden ein jährlicher Vorsteher (Medixtuticus) und ein Senat ernannt, und die Ritter bildeten eine abgesonderte Abtheilung des römischen Heeres, während die Gemeinen in den Legionen dienten.³) Und demnach konnten die Ausbrüche campanischer Zügellosigkeit nicht verhindert werden. Im Kriege gegen Pyrrhus war eine campanische Legion von 4500 Mann zur Besetzung nach Rhegium gesendet worden. Diese, anstatt die wehrlosen Bewohner zu schützen, hatte die arglosen Griechen im Schlafe überfallen, die Männer ermordet, die Frauen, Töchter und ihre Habe unter sich vertheilt und vier Jahre lang alle Gräuel der Unterdrückung ausgeübt, bis sie endlich förmlich belagert und besiegt, sämmtlich den Tod des Henkers starben.⁴) Seit dieser Zeit war Ruhe. Jetzt konnte Capua sich ungestört entwickeln, und in der That scheint in dieser Periode der Charakter der Bewohner zur völligen Ausbildung gekommen zu sein. Es tritt hier

---

¹) Liv. VIII, 14.
²) Liv. IX, 20. (317),
³) Just. XVIII, 1. Zonar. II, 51. Val. Max. II, 7, 15. Frontin. IV, 1, 58. Polyb. 1. 7. Dionys XX, 8. Liv. XXVIII, 28.
⁴) Polyb. 11, 17. Liv. XXIII, 4. 8. Marg. III, 1, 11.

zuerst die fabula Atellana, ein ziemlich kunstloses Possenspiel mit seinen stehenden Masken dem Maccus, Pappus Bucco uns entgegen, welches durch die Verhöhnung bäurischer Roheit und Sinnlichkeit ganz dem Stolze einer hochmüthigen Aristokratie entspricht, welche an diesem Gegensatze verfeinerter Genusssucht ungemeines Vergnügen fand. Daher es auch nie zu einer höhern Kunstgattung sich entwickelt hat, sondern als ein Ueberrest alterthümlicher Sitte, der Sprache und dem Inhalt nach ein treues Bild einer längst verschwundenen Vergangenheit geblieben ist, wo derbe Komik, unzweideutige Zoten und die roheste Sinnlichkeit ihre Triumphe feierten. Von höheren Kunstbestrebungen haben wir in Capua nur ein einziges Beispiel, den Cnejus Naevius, welcher, eigentlich der erste römische Nationaldichter, da Livius Andronicus ohne Zweifel Semigraecus war, nicht nur die kunstgerechte griechische Comödie und Tragödie überarbeitet, sondern auch das Epos in die römische Litteratur eingeführt hat. Dass seine künstlerische Ausbildung noch keinen sehr hohen Grad erreicht hatte, beweist die Beibehaltung des Versus Saturnius; aber er besass Freimuth, komische Kraft und der volksthümliche Ton empfahl ihn auch spätern Geschlechtern.[1] Ausserdem finden wir keine Spur, dass Capua oder Campanien an der Entwickelung und Ausbildung römischer Sprache thätigen Antheil genommen. Desto mehr huldigten sie sensualistischen Bestrebungen und alle den Künsten, welche den Lebensgenuss fördern, der Mimik, Orchestik, Musik, der Prachtliebe und den Tafelfreuden, so dass der Name Capua's und einzelner Strassen, wie der Seplasia, für Befriedigung aller Sinnenlust sprichwörtlich geworden ist. Es versteht sich überdies von selbst, dass die dem Aristodemus zugeschriebene Corruption der Sitten

---

[1] Hor. Ep. 11, 1, 53.

von Cumæ kein Werk reiner Willkühr gewesen ist, sondern die Richtung der Zeit und der Sinn des Volks wird ihm entgegen gekommen sein, so dass die Neuerungen eine bereitwillige Aufnahme gefunden haben.[1]) Aber wie der verfeinerte Lustdienst immer neuer und stärkerer Reize bedarf, um dem Ueberdruss und Eckel zu begegnen, so haben zuerst die Bürger von Capua die Sitte eingeführt, die Gastmähler durch blutige Fechterspiele zu würzen und die Ueppigkeit der Mahlzeiten nach der Zahl der Kämpfenden zu messen, die zum Vergnügen der Gäste ihr Blut verspritzten;[2]) und um ihren ohnmächtigen Hass gegen ihren Erbfeind, die Samniten, zu verkünden, haben sie den Fechtern eben diese Namen beigelegt. Daher ist Capua immer der Hauptsitz jener Fechterschulen geblieben und die Bande des Spartacus hat von dort aus ihren Rachekrieg geführt. Unter solchen Bestrebungen ohne höheres Ziel und Zweck, wo nur die Mannigfaltigkeit der Genüsse eine Abwechselung bewirkte, war die verhängnissvolle Zeit des zweiten punischen Kriegs herangenaht, der durch die furchtbare Erschütterung alle niedern Leidenschaften zu entfesseln drohte; in Capua zumal, wo Stolz und Hochmuth bei dem Adel, Neid und Hass bei den Unterdrückten jeden Augenblick den Bürgerkrieg erzeugen konnte. Diess um so mehr, weil, wie die Römer als Stützen der Aristokratie sich geltend machten, so Hannibal als Freund der Volkspartei erscheinen wollte. Diess benutzte ein schlauer Demagoge, Pacuvius Calavius, um den Adel zu demüthigen und sich selber an die Spitze des Staates zu stellen. Durch die geschickte Darstellung der drohenden Gefahr, durch die Furcht vor einem allgemeinen Blutbad, wusste er den eingeschüchterten Adel zu

---

[1]) Val. Max. IX, 5, 4 ext.
[2]) Strabo V, 406. Sil. Ital. XI, 53. Liv. IX, 40.

bestimmen, sich völlig der Willkühr des ränkevollen Partheiführers hinzugeben.

Dann liess er den gesammten Adel im Rathhause einsperren und mit Wachen umstellen, berief eine Volksversammlung und verkündigte ihr mit erheuchelter Schadenfreude, dass er ihre Gegner in seiner Gewalt habe und ihnen Gelegenheit geben wolle, für jahrelange Unterdrückung blutige Rache zu nehmen. Nur sollten sie mit der Bestrafung der Schuldigen zugleich die Wahl eines neuen Rathes verbinden, so dass immer für den Straffälligen ein Stellvertreter zu wählen sei, weil sonst Unordnung entstünde. Das Volk nun, welches die ehrgeizigen Leute, die sich seine Beschützer nannten, viel mehr verachtete, als es den Uebermuth der Herren fürchtete, in dem Bewusstsein der ungewohnten Macht, und wohl auch in der Erinnerung lang bestandener Verhältnisse, tröstete sich mit dem Gemeinspruch, dass das bekannteste Uebel das erträglichste sei, und liess die Gefangenen los. Bei diesen hingegen erzeugte der Gedanke an die Gefahr, in welcher das Leben Aller geschwebt hatte, eine völlige Sinnesänderung. Diejenigen, welche bisher die Armuth als den grössten Makel betrachtet hatten, wurden jetzt die Schmeichler des gemeinen Volks, thaten freundlich mit den Leuten, luden sie zu Tische ein, bewirtheten sie reichlich, vertheidigten sie vor Gericht, entschieden zu ihren Gunsten; und selbst im Rathe wurde nichts beschlossen, ohne dass ein Ausschuss aus dem Volke zugezogen wurde. So sehr hatten sie die Rollen gewechselt, dass jetzt das Volk übermüthig wurde, und dass mit der Verachtung der Obrigkeit und der Nichtbeobachtung der Gesetze, auch die Furcht vor der Macht Roms verschwand. Die Stimmung der Gemüther wurde nach der Schlacht bei Cannæ so allgemein, dass man den Abfall von den Römern und ein Bündniss mit Hannibal beschloss: So tief war die stolze Stadt gesunken, welche mit Rom um den Vorrang zu buhlen wagte, dass sie zugleich unter die Herrschaft des zügellosesten Pöbels und das Machtgebot eines karthagischen Stadthauptmannes den Nacken beugte. Theuer hatten sie den kurzen Genuss eines schmachvollen Daseins erkauft. Es war umsonst, dass sie die persönliche Freiheit der Bürger, die Befreiung vom Kriegsdienst, die Aufrechthaltung ihrer Gesetze und Verfassung sich ausbedungen, dass Hannibal die Stadt zum Haupt Italiens zu erheben versprochen hatte. Im Krieg herrscht die Gewalt, und dieser sollte bald in schrecklichster Gestalt erscheinen. Der Pöbel dagegen war so maasslos in seinem Uebermuth, dass er alle römischen Bürger und Bundesgenossen, vornehm und gering, die zufällig in Capua verweilten, ergriff, in ein Bad einschloss und durch heissen Dampf erstickte. Ebenso ward ein angesehener Bürger, der vor dem Bunde mit Karthago warnte, von Hannibal am Tage nach seiner Ankunft in Ketten geworfen und nach Afrika geschickt. Inzwischen rächte sich die Besitznahme von Capua zunächst an dem Heere Hannibals selbst. Die Ueppigkeit des Lebens, die Liederlichkeit der Sitten und die allgemeine Erschlaffung theilte sich den Barbarenhorden mit [1]) und löste die Kriegszucht auf. Und schon im nächsten Jahre erschien ein römisches Heer vor den Thoren; alljährlich wurden die Felder verwüstet, und im vierten Jahre begann die förmliche Belagerung der Stadt. Vergebens war, dass 120 campanische Ritter zu den Römern übergiengen;[2]) vergebens der Hülferuf der Bedrängten; vergebens erschien Hannibal, um die römischen Linien zu

---

[1]) Liv. XXIII, 45. Val. Max. IX, 1, 1. Seneca Epist. 51. invictum illum armis exercitum vitiis enervarunt fomenta Capuae.

[2]) Liv. XXIV, 47; cfr. Liv. XXV, 13. 18. 19. 20. 22.

stürmen; vergebens zog er gegen Rom, um das Belagerungsheer zu entfernen; die Römer wichen nicht. Der Hunger wüthete in der Stadt, die Verzweiflung bemächtigte sich der Gemüther und Nichts hinderte die Uebergabe als die Gewissheit einer furchtbaren Vergeltung.[1]) Zuletzt ward auch diese überwunden, da Hannibal schmählich die Verbündeten im Stiche liess; die Thore wurden geöffnet und die Sieger zogen ein.

Jetzt endlich trat das volle Gefühl der Schuld den Besiegten vor die Seele. Sie, die Bevorzugten, die Begünstigten hatten in dem Augenblicke der äussersten Gefahr ihre Beschützer verlassen und verrathen, ihre Gastfreunde und so viele ehrenwerthe Männer einem schmählichen Tode geopfert und den Verbündeten das Beispiel des Abfalls gegeben. Das konnte nicht verziehen werden. Das fühlte vor Allen Vivius Virrius, der zuerst zum Abfall und zum Bündniss mit Hannibal gerathen hatte. Daher forderte er seine Mitschuldigen auf, durch freiwilligen Tod der Rache der Römer zu entgehen. Sieben und zwanzig Senatoren folgten seiner Aufforderung, begleiteten ihn nach Hause, speisten mit ihm und nahmen Gift. Unter furchtbaren Qualen, wegen der eingenommenen Mahlzeit, fanden Alle den Tod, noch ehe der Feind durch die Thore einzog. Dem Befehlshaber der eingerückten römischen Legion gab sich die karthagische Besatzung gefangen, die Bürgerschaft wurde entwaffnet, die Senatoren erhielten den Befehl, sich ins römische Lager zu begeben. Dort wurden sie in Fesseln geschlagen und zum Geständniss gezwungen, wie viel Jeder an Gold und Silber und Kostbarkeiten besessen hatte. Darauf wurden fünf und zwanzig nach Cales, acht und zwanzig nach Teanum, benachbarte Städte, abgeschickt, diejenigen nämlich, welche die Haupturheber

---

[1]) Liv. XXVI, 5. 12. 13. Liv. XXXVIII, 28. 36.

des Abfalls gewesen waren. Was weiter mit ihnen geschehen sollte, war noch nicht entschieden; der Prætor Appius Claudius war für Schonung, der grimmige Quintus Fulvius Flaccus, sein Amtsgenosse, war unversöhnlich. Dieser, nach einer fruchtlosen Besprechung, befahl dem Oberst der Reiterei, früh zu satteln und mit 2000 Mann bereit zu sein. Mit Tagesanbruch ritt der Feldherr an ihrer Spitze nach Teanum, liess die campanischen Ritter vorführen, das Urtheil verkündigen, dieselben mit Ruthen streichen und mit dem Beil hinrichten. Sofort eilte er nach Cales und hielt Gericht. In diesem Augenblick kam ein Eilbote des Senats von Rom und überbrachte ihm ein Schreiben. Er schob es in die Toga und liess die Hinrichtung vollziehen. Auch in Atella und Calatia wurden die Vornehmsten hingerichtet, so dass 70 Senatoren den Tod des Heukers starben. Dreihundert wurden ins Gefängniss geworfen, später in italienischen Städten eingesperrt und fanden auf verschiedene Weise ihren Untergang. Die übrigen Bürger von Capua wurden als Sklaven verkauft. Die Stadt selbst wurde geschont, d. h. die Mauern, Tempel, Häuser blieben stehen als Wohnstätte für die übrige Bevölkerung, die Hintersassen, Krämer, Kaufleute, Handwerker, Pächter und Lehnleute, und als Vereinigungspunkt für den Verkehr. Die gesammte Landmark wurde Eigenthum der römischen Republik. Alljährlich wurde ein Landvogt für die Rechtspflege nach Capua geschickt, um die Einwohner in Zucht und Unterwürfigkeit zu erhalten. Eine Bürgergemeinde bestand nicht mehr. Capua als Staat hatte aufgehört.[1]

---

[1] Liv. XXVI, 12—16. Appian bellum H. 43. Zonar. IX, 6. Sil. Ital. XIII, 258.

www.ingramcontent.com/pod-product-compliance
Lightning Source LLC
Chambersburg PA
CBHW032155160426
43197CB00008B/919